일본의 각성

아시아총서 42

일본의 각성

The Awakening of Japan

오카쿠라 텐신 지음 | 정천구 옮김

산지니

● 책을 펴내며

일본에서 아베 정권이 필사적으로 매달렸던 일이 올림픽이었다. 저들 말로는 '부흥' 올림픽이다. '부흥'이라니, 참으로 일본스럽다고 해야 할까? 부흥을 외친 심정은 충분히 이해할 만하다. 아시아-태평양 전쟁에서 패배한 뒤에 기가 막히게도, 일본에게는 천운인 '한국 전쟁'이 벌어져 단번에 전범 국가에서 세계 2위의 경제 대국으로 발돋움하면서 누린 그 융성을 다시금 재현하고 싶은 간절함과 욕망을 어찌 탓하랴. 그런데 번지수를 잘못 짚어도 한참 잘못 짚었다. 부흥이 아닌 '혁명'을 지향했어야 하므로. 일본의 천명을 완전히 바꾸는 그런 혁명 말이다.

1964년의 도쿄 올림픽, 1988년의 서울 올림픽처럼 개발도상국에게는 올림픽이 도약의 발판이 될 수 있겠지만, 이미 선진국의 대열에 들어선 나라에게는 그 위상을 알리는 정도의 요란한 축제에서 그칠 뿐이다. 그런데도 부흥의 계기가 될 것이라 여겼다니, 참 이율배반적이다. 스스로 외치듯이 일본이 확고부동한 선진국이라면 부흥의 계기가 될 수 없고, 부흥이 진실로 가능하다면 일본은 선진국이 결코 아님이 입증되기 때문이다. 그러나 이 이율배반조차 불가능해진 상황이다. 2020년 도쿄 올림픽의 1년 연기로 비용과

빚만 더 늘어났고, 2021년의 올림픽도 국민의 의사와 상관없이 정부가 일방적으로 밀어붙이면서 내부적 모순과 폐해만 부각되고 있기 때문이다.

고작 '부흥'을 외친 것부터가 패착이었다. 근대의 역사만 톺아볼 줄 알았다면, 자신들의 자취를 냉철하게 성찰할 줄 알았더라면, '메이지 유신(明治維新, 1868년)'과는 전혀 다른 차원의 '혁명'이 진정으로 필요한 때가 되었음을 느끼고 알았을 텐데 말이다. 물론 그럴 일은 애초에 없었을 것이고, 실제로 없었다는 것이 일본의 불행이다. 그 불행은 끊임없는 역사 왜곡과 날조가 초래한 자승자박이다. 전쟁과 침략으로 저지른 그 명명백백한 죄과에 대해서조차 일말의 반성이 없었던 후과이기도 하다.

일본이 그토록 자부심을 갖는 긴긴 역사, 고작해야 2천 년도 되지 않는 역사에서 단 한 번 한국을 제친 때가 '메이지 유신' 이후다. 길게 잡아야 지금까지 150여 년이다. 그러나 이 기간 동안에 일본은 메이지 시대 40년 동안 일군 경제력과 군사력을 러일전쟁 이후로 침략 전쟁을 벌이면서 홀라당 다 까먹었다. 1950년대에서 1980년대까지 40년 동안 누린 경제 성장도 1990년대 이후에는 멈춰버렸다. 마치 40년을 주기로 성쇠를 거듭하는 형국인데, 이런 급격한 변동은 아주 특수하며 일본에서만 거듭 나타나고 있다. 문제는 일본의 정치가들은 물론이고 지식인들조차 대부분 이러한 '반복'을 거의 자각하지 못한다는 데 있다. 한 번의 올림픽에 모든 것을 걸고 '부흥'을 노린 것도 그런 무자각 탓이다.

무자각은 자각할 줄 모른다는 뜻이다. 왜 무자각하게 되는가? 몰지각해서다. 올바로 인식하거나 분별할 수 있는 능력이 없어서다. 몰지각하면 각성하려고 해도 '잘못된 각성'을 할 뿐이며, 잘못된 각성인 줄도 알지 못한다. 이런 인식의 오류를 바로잡기란 지극히 어렵다. 오류가 있다는 사실조차 파악하지 못하기 때문이다. 그런데 이런 인식의 오류가 하나의 문화로 자리 잡은 곳이 바로 일본이다. 일본인들의 독특한 사고방식도 바로 여기에서 기인한다. 내가 억지 주장을 한다고 생각한다면, 이 책 『일본의 각성』을 찬찬히 읽어보기를 권한다.

2009년에 나는 『차의 책(The Book of Tea)』을, 2011년에는 『동양의 이상(The Ideals of the East With Special Reference to the Art of Japan)』을 각각 번역해 냈고, 이제 『일본의 각성(The Awakening of Japan)』을 내놓는다. 셋 다 메이지 시대의 미술사가인 오카쿠라 텐신(岡倉天心, 1863~1913)이 썼다. 『동양의 이상』은 1903년에, 『일본의 각성』은 1904년에, 『차의 책』은 1906년에 각각 출판되었고, 모두 서구인들을 겨냥해 영어로 저술된 것으로 서로 긴밀하게 이어져 있다. 이 책들을 통해 텐신은 서구인들에게 일본의 역사와 문화를 알렸을 뿐만 아니라 일본이 우월하고 독창적이라는 인식도 심어주었다.

그런데 대체 왜 이렇게 오래된 책들을 번역해 내는가? 특히 앞서 늘어놓은 말들과 이 책 『일본의 각성』이 무슨 상관이 있느냐?

첫째는 이 세 책의 내용이 옳든 그르든 일본과 일본인에 대한 서구인들의 인식을 결정지었다고 해도 과언이 아니기 때문이다. 서구인들의 인식에 영향을 끼친 책들이 이 밖에도 많이 있지만, 가장 크고 주요하게 영향을 끼친 것들은 이 책들이다. 둘째는 이 책들에 담긴 내용이 120년이 지난 오늘날의 일본 정치와 사회, 문화에서 여전히 작용하고 있기 때문이다. 과거의 유산을, 전통을 거의 바꾸지 않고 집요할 정도로 답습하는 일본인들의 성향이 여기에서도 나타난다.

『일본의 각성』은 메이지 시대에 "일본은 대단한 각성을 이루었다"는 사실을 알려주려고 저술된 책이다. 오늘날 대부분의 일본인들도 그렇게 생각할 것이다. 그런데 이 책은 저자의 의도와 달리 일본이 진정한 각성을 이루지 못했음을 보여준다. 저자 자신도 그러했지만, 당시의 지식인들 모두 각성해야 할 것이 무엇인지 알지 못했다. 또 각성의 주체가 민중이어야 함도 깨닫지 못했다. 그럼에도 서구화를 이루고 부국강병이 된 것으로 각성이 이루어졌다고 착각했던 것이다. 불행하게도 그 잘못된 각성, 그 착각이 오늘날에도 이어지고 있다.

일본은 아시아에서 가장 먼저 서구화를 이룩했으면서 왜 아직까지 진정한 '민주주의'를 이루지 못하고 '1당 독재'와 '밀실 정치'를 버젓이 하고 있을까? 왜 국회와 내각에서 정치의 대물림이 이루어지고 있는 것일까? 왜 일본 국민들은 이에 대해 지속적으로 비판하며 시위를 벌이지 않는 것일까? 왜 경제 대국이 되고서도 정치와 외교에서 음모와 술수를 능사로 삼는 것일까? 왜 정치가들과 극우주의자들, 많은 일본 지식인들은 그토록 끈질기게 역사를 왜곡하고 과거사를 반성하지 않는 것일까? 왜 제 과오는 숨기면서 한국을 혐오하는가? 이 물음들에 대한 해답의 일부 또는 상당 부분을 이 책이 제공해준다는 것이 나의 생각이다.

한국인들은 일제 강점기 이후로 오랫동안 매국적 친일파들의 득세와 간계로 수천 년 동안 열등한 민족으로 살아온 것처럼 세뇌당해 왔다. 그리하여 눈부신 경제 성장과 위대한 민주화를 이루었음에도 한국 사회와 문화를 부정적으로 보기만 하면서 보잘것없는 나라로 여겼고, 심지어 일본 극우들의 농간에 속아 스스로 '헬조선'이라 경멸하기도 했다. 우리 스스로 과소평가를 해온 것이다. 반면에 일본에 대해서는 과대평가를 해왔다. 재작년 일본 정부가 한국에 대해 반도체 핵심소재의 수출을 규제한 것도, 한국 내에서 일부 정치가들이나 지식인들이 "우리는 일본에 50년 뒤져 있다"고 떠든 것도 그런 인식의 표출이다.

그런데 이제는 '헬조선'이라는 말이 감쪽같이 사라졌다. 최근에는 한국을 다녀갔거나 한국 문화를 접해본 외국인이라면 거의 이구동성으로 한국을 선진국이라 부르며 살고 싶은 나라라 한다. 우리 자신들도 차츰차츰 과소평가의 늪에서 벗어나고 자신감을 찾아가고 있다. 이렇게 전환이 이루어질 때에는 올바른 방향을 설정하는 일이 긴요하다. 그런 점에서 이 책은 일본과 한국은 역사적으로 또 문화적으로 사뭇 달랐고 지금도 다르며 앞으로도 다를 것임을 알려준다. 한편, 폐기해야 할 구습과 유산 그리고 친일잔재가 적지 않고 잘못 인식하고 있는 것들도 여전히 많은 한국에게 이 책은 타산지석이 되어줄 것이다.

『일본의 각성』은 진작 번역되었다. 모두 네 부분으로 나누어 번역해서는 『오늘의 문예비평』 2011년 여름호부터 2012년 봄호까지 연재했었다. 그러니까 번역은 2012년에 끝낸 셈이다. 그러나 책 한 권으로 내놓기에는 좀 적은 분량이어서 두어 편의 글을 덧붙여 내놓을 요량으로 서둘지 않고 차일피일 미루다가 하마 10여 년이 흘러버렸다. 그러다가 작년에 코로나 사태로 일본과 한국 두 나라의 위상이 일거에 뒤바뀌는 사태가 벌어지면서 『동양의 이상』과 함께 이 『일본의 각성』이 새삼 내 뇌리에 파고들었는데, 올해 초 산지니 강수걸 사장을 만난 뒤에 마음을 내서 다시 번역 원고를 꼼꼼히 들여다보게 되었다.

막상 원고를 검토하다 보니 번역의 오류나 부적절한 표현이 적지 않아서 손을 많이 보았다. 그리고 관련 사진이나 그림 따위를 더 보태면 독자들께 도움이 되리라 생각해 인터넷을 두루 뒤져서 찾아내 싣고 설명을 덧붙였다. 그런 뒤에 두 편의 글을 써서 부록으로 삼았다. 하나는 『동양의 이상』에 관한 글이고, 다른 하나는 이 책 『일본의 각성』에 관한 글이다.

『일본의 각성』을 번역해 내놓으면서 굳이 『동양의 이상』에 대해 따로 논한 것에는 크게 두 가지 이유가 있다. 첫째는 10여 년 전에 『동양의 이상』을 번역해서 출판할 때에 그 책에 대한 자세한 해제를 쓰지 않고 텐신의 생애에 대해서만 간략하게 썼던 아쉬움 때문이다. 둘째는 『일본의 각성』에 내재해 있는 텐신의 모순된 인식(또는 일본 지식인들이 공유하는 인식)이 이미 『동양의 이상』에도 나타난다는 사실 때문이다. 『동양의 이상』과 『일본의 각성』은 동일한 인식의 틀 위에서 연속적으로 저술된 것이다. 그 점을 명확하게 보여주기 위해서 두 책을 따로 심도 있게 분석하되 나란히 제시할 필요가 있었다.

오카쿠라 텐신이 일본을 옹호하고 선전하기 위해 쓴 세 저서 가운데 마지막 책을 내놓는데, 앞서 두 권처럼 이 책도 맡아주신 산지니 식구들께 감사드린다.

2021년 5월 25일 금정산 기슭

삼매당에서 정천구 쓰다

차례

일러두기

1. 이 번역의 저본은 *The Awakening of Japan*(New York; The Century co., 1904)이다. 처음부터 영문으로 저술되었고, 나중에야 일본어로 번역되었다.
2. 저본의 목차에는 각 장마다 내용의 이해를 돕기 위해 짤막한 구문들이 제시되어 있었는데, 번역서에서는 목차에서 그 구문들을 빼고 각 장의 본문에서 소제목으로 제시했다.
3. 각주에서 [원주(原註)]라고 표시한 것은 원저자에 의한 주석이고, 그런 표시가 없는 것은 옮긴이가 덧붙인 주석이다.
4. 원문의 의미를 명확하게 하기 위해 옮긴이가 추가한 부분은 [ ]으로 표시했다.
5. 일본의 고유명사는 원음대로 적는 것을 원칙으로 한다. 이는 일반명사와 구분하기 위해서다.

   예) 대명 → 다이묘오, 동경 → 토오쿄오
6. 저본에는 없으나 본문의 이해를 돕기 위해 관련 사진이나 그림을 실었다. 모두 인터넷 백과사전인 위키피디아(Wikipedia, 위키백과)에서 가져온 것임을 밝혀둔다.

● 발행인(영문판)의 서문

이 책과 『동양의 이상』의 저자인 오카쿠라 카쿠조(岡倉覺三)[1]는 1863년에 태어났다. "어려서부터 오래된 것들을 좋아했다"는 그의 말처럼, 그는 1880년에 대학[2]을 졸업한 뒤에 고고학적 조사를 위한 모임이나 협회를 설립하는 일에 관여했다. 18세기 말에 시작된 일본의 르네상스는 이 나라의 개방에 뒤따르는 국내 소요로 말미암아 잠시 억제되었는데, 그 개방은 미국의 해군 제독 페리(Perry)의 출현으로 강요된 것이었다. 오카쿠라는 더 이른 시기의 학자들이 시작했던 작업을 재개했다.

1886년에 이 젊고 학자적인 열성가는 서양의 예술 교육에 관한 연구위원으로서 조사를 위해 미국과 유럽에 갔다. 돌아오자 그는 토오쿄오에 미술학교[3]를 조직하고, 자신은 그 학교의 교장이 되었다. 그는 또 주요한 조직가들 가운데 한 사람으로서 코샤지호존카이(古社寺保存會)[4]의 위원이기도 했는데, 그의 임무는 고대의 건축,

1 대체로 오카쿠라 텐신(岡倉天心)이라 부른다.

2 토오쿄오대학(東京大學)을 가리킨다.

3 토오쿄오미술학교(東京美術學校)를 가리킨다.

4 원문은 'The Imperial Archaeological Commission'인데, '코샤지호존카이'

사원의 기록들, 그리고 고대 미술의 모든 자료들을 연구하고 분류하며 보존하는 일이었다.

당연하게도 오카쿠라는 서양의 미술과 양식을 무차별적으로 도입하는 일에 대한 반동적인 운동을 주창한 사람들 가운데 하나였다. 이 운동은 정기간행물의 발간과 협회 설립으로 이어져서 일본의 오래된 생활을 보존하는 데 이바지했는데, 그러한 일은 문학과 연극 분야에서도 실행되었다.

1898년, 오카쿠라는 토오쿄오미술학교(東京美術學校)의 교장직을 사임했는데, 그곳에서 추구하는 교육 과정의 문제로 교육당국과 의견의 차이가 있었기 때문이다. 교직원 가운데 거의 절반이 그와 함께 사직했고, 토오쿄오 교외에 '니혼비쥬츠인(日本美術院)'이라는 사적인 아카데미를 열었다. 여기서는 고대로부터 내려오던 민족 예술의 전통을 지켜나갔다.

이렇게 교육을 위한 학교의 설립과 동시에 이 나라 각 지방에 있는 국립 미술학교의 걸출한 화가들 다수와 니혼카이가쿄오카이(日本繪畵協會)를 조직했는데, 그 회장은 니조오(二條) 왕자—후지와라(藤原) 가문의 수장이며 왕세자비의 숙부—였으며 오카쿠라는 부회장으로 선출되었다.

지금 이 글은 『동양의 이상』처럼 번역이 아니고 일본인 저자에 의해 원래 영어로 쓰인 것이었음을 말해야겠다. 이 글은 단지 인쇄

를 가리킨다.

물이나 일반적인 풍문이 아니라 메이지유신(明治維新)에 관계된 생존자들과 저자의 특별한 친분에 바탕을 두고 있다.

『일본의 각성』에서 저자는 서양의 관찰자들 마음에 가장 먼저 떠오르는 물음, "유능한 천황 아래에 있는 현 세대의 정치가들, 시민들, 군인들, 선원들로 하여금 갑작스럽게 한 때의 민족들[5] 속에 들어가서 일류의 자유주의적 힘을 갖도록 만든 그 지적이고 도덕적인 자질들의 원천은 무엇인가?"라는 물음에 대해 박학다식과 생동하는 표현, 열렬한 애국심으로 대답해주고 있다.

저자는 새로운 일본이 이룬 성취들은 그 역사, 곧 그 종교와 예술, 전통 등에서 비롯된 자연스런 결과라는 것을 명료하게 또 생생하게 보여준다. 황색 재앙[6]은 없다고 그는 주장한다. 비록 호전적이기는 해도 이 제국[일본]은 침략을 위해서가 아니라 평화를 위해서 싸운다고! 그는 이 나라의 전 역사를 개략적으로 서술하고 있지만, 근대의 사건들과 발전—이 민족을 오래도록 감금시켰던 문을 개방한 페리 제독, 미카도[천황]의 복권, 새로운 체제, 1904년의 전쟁[7] 등을 특히 길게 논하고 있다. 그는 일본 예술의 찬미자들이 품고 있는, "근대 일본의 성공이 예부터 전해온 그 독특한 예술을 상실하

---

5 미국과 유럽의 여러 나라들, 말하자면 산업화에 앞선 서구 열강을 가리킨다.

6 '황색 재앙'은 19세기 후반에 독일의 빌헬름 1세가 만들어내 퍼뜨린 용어다. 이 책의 10장에서 거듭 거론되고 있으므로 참조하기 바란다. 또 5장에서는 이에 대비되는 '백색 재앙'을 다루고 있다.

7 러일전쟁(1904~1905)을 가리킨다.

게 만들지 않을까?" 하고 걱정스럽게 던지는 의문에 대답하려고 한다. 그는 동양의 미래에 영향을 줄 수 있는 몇 가지 추세에 대해 지적하고 있으며, 특히 여성에 대한 기독교적 태도가 일본의 사회와 문명에 영향을 끼쳤다고 말하고 있다.

1장 ● 아시아의 밤

1장 • 아시아의 밤

수수께끼 같은 일본의 갑작스런 발전

일본의 갑작스런 발전이 외국의 관찰자들에게는 대체로 하나의 수수께끼였다. 일본은 꽃들과 철갑의 나라, 돌진하는 영웅적 행위와 우아한 찻잔의 나라이며, 신세계와 구세계의 여명기에 기묘한 그림자가 서로 교차하는 이상한 경계의 땅이다. 최근까지 서양은 일본을 중시하지 않았다. 한 무리의 민족들 사이에서 한자리를 차지하려는 우리의 노력이 이룬 그런 성공이 현재 많은 사람들의 눈에는 기독교 세계에 대한 일종의 위협으로 보인다는 것은 흥미로운 일이다. 불가사의한 일에 있어서는 있을 법하지 않은 일이라고는 전혀 없다. 과장(誇張)은 공상이 미지의 것에 표하는 예의다. 세계는 새로운 일본에게 어떠한 무차별적인 비난을, 어떠한 불합리한 찬사를 아낌없이

●
1890년에 준공된 일본 최초의 서구식 고층건물 료오운카쿠(凌雲閣).
토오쿄오 아사쿠사에 서 있었다. 1923년 칸토오(關東) 대지진으로 무너질 때까지 일본 근대화의 상징 가운데 하나였다.

퍼붓고 있는가? 우리는 근대적 진보의 총아이면서 비기독교 나라의 두려워할 만한 부활, 곧 황색 재앙 그 자체다!

왜 서양은, 동양이 서양에 대해 배우는 것만큼 동양에 대해서 배우려 하지 않는 것일까? 오늘날 서양이 방대한 정보의 원천을 장악하고 있음에도 우리에 대해서 얼마나 많은 오해들을 품고 있는지를 알게 되는 것은 참으로 슬픈 일이다! 아직도 인종적 편견과 십자군 전쟁 이후의 잔재인 동양에 대한 저 막연한 증오에 짓눌려 있는 무분별한 대중을 걸고넘어지려는 것이 아니다. 그러나 비교적 견문이 넓은 사람들조차 우리의 부흥에 내재해 있는 의미와 우리가 지닌 포부의 진정한 목적을 인식하지 못하고 있다. 그것은 우리의 문제들이 전혀 단순하지 않은 것만큼이나 우리가 취한 태도도 종종 역설적이었기 때문인지도 모른다. 아마도 동아시아 문명의 역사가 서양의 대중에게는 아직도 봉인된 책이라는 사실이 우리의 현재 사정과 미래의 가능성에 대해 바깥 세계가 지니고 있는 매우 다양한 견해들을 설명해줄 수 있을지도 모르겠다.

아시아, 일본 영감의 진정한 원천

우리의 동조자들은 우리가 서양의 과학과 산업, 입헌정치, 거대한 전쟁을 수행하는 데 필요한 조직 등을 수월하게 받아들이는 것을 보고는 기뻐하면서도 경탄했다. 일본을 현재의 위치로 끌고 온 힘은 외국 문화의 다양한 방식들을 채용하는 일본의 능력에도 있지만, 외국 문화의 교지(敎旨)를 흡수하여 동화시키는 선천적인 활력에도 그에 못지않게 기인한다는 사실을 그들은 잊고 있다. 개인에서와 마찬가지로 민족에서도 진정한 진보는 외부로부터 들어온 지식의 축적이 아니라 내부의 자기실현으로 이루어진다.

서양이 우리에게 가르쳐준 것에 대해 무한히 감사하지만, 그럼에도 우리는 아시아를 우리에게 영감을 주는 진정한 원천으로서 중시하지 않으면 안 된다. 우리에게 고대 문화를 전수해주고 우리에게 재생할 수 있는 씨앗을 뿌려준 것은 아시아였다. 우리의 기쁨은, 아시아의 모든 민족들 가운데서 우리 자신이 계승자의 자격이 있음을 입증하도록 허락받았다는 그 사실에 있다. 국민이 다시 각성하기 위한 버둥질에는 대단한 곤란이 수반되지만, 동양의 국민들이 생존이라는 현재의 절박한 실존적 상황을 직시할 수 있게 하려고 애쓰는 일본은 더욱더 힘든 과업에 직면해 있다. 우리가 그 과업을 털어내 버릴 그 순간까지는, 오늘날 중국과 인도를 뒤덮고 있는 것과 똑같은 무기력이 우리를 짓누를 것이다. 아시아의 밤은 그 비밀스런 휘장 안에 모든 자발성을 품은 채 우리나라[일본] 위에 드리워져 있다. 지적 활동과 사회적 진보는 냉담한 분위기 속에서 질식되어버렸다. 종교는 상처 입은 영혼을 위로해줄 수 있을 뿐, 치료해줄 수는 없다. 우리가 지고 있는 짐의 무게는, 우리가 광명으로 나오기 전에 있었던 그 어두컴컴한 배경에 대한 지식이 없이는 결코 이해할 수 없다.

불교 국가는 문화의 화원이었다

아시아의 쇠미(衰微)는 오래전 13세기 몽골의 정복과 함께 시작되었다. 중국 및 인도의 고전 문명은 그 불길한 침입 이래로 그들을 덮치고 있는 그 밤과 대조되어 더욱더 밝게 빛난다. 황하와 갠지스강의 아이들은 그리스와 로마에서 최상으로 개화한 시기의 문화에 필적하는 문화를 일찍부터 발달시켰으니, 근대 유럽의 진보적인 사상이 보여주는 경향을 예시하는 전조였다고 할 정도다. 기원후 초기 몇 세기 동안에 중국과 그 동쪽에 전래된 불교는 베다(Veda)의 이상[1]과 유교의 이상을 하나의 직물 속에 짜 넣어 굳게 뭉치고서는 아시아의 통합을 이루어냈다. 교류의 광대한 흐름이 모든 불교 국가들을 관통하며 흘렀다. 날란다 대학[2] 또는 카슈미르의 사원들에서 이루어진 어떤 참신한 철학적 성취에 대한 소식들이 순례자들 및 행각하는 승려들에 의해서 중국과 한국, 일본 등의 사상 중심지에 전해졌다. 여러 왕국들은 곧잘 예의(禮儀)의 교환을 행했는데, 그러는 사이에 평화는 예술과 예술을 혼인시켰다. 이렇게

1 인도의 역사에서 기원전 1500년에서 기원전 500년 사이를 베다 시대라 하는데, 이 시기에 브라만교의 신화적·종교적·철학적 경전이자 문헌을 '베다'라 부른다. 산스크리트로 기록되어 있으며, 힌두교의 가장 오래된 경전들을 이루고 있다. 본문에서 말한 '베다의 이상'은 이 베다 문헌에 담겨 있는 사상이나 철학 또는 힌두교 사상을 가리킨다.

2 (인도의) 비하르에 있는 불교학의 중심지[원주]

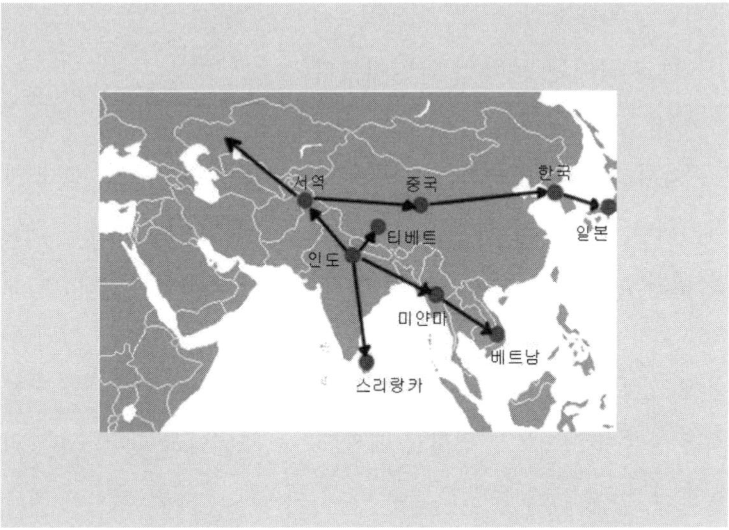

●
인도에서 탄생한 불교의 전파

모든 아시아적 생명이 종합되는 데서 신선한 자극이 나왔고, 각 민족들은 그 자극을 받았다.

기묘한 것은, 한 민족 안에서 인류애를 더욱 숭고하게 표현하려고 한 노력들이 다른 민족들 안에서 동시적으로 일어난 유사한 움직임으로 말미암아 더욱 도드라진다는 사실이다. 시가(詩歌)와 화음(和音)으로 귀결되는 저 자유주의와 장엄함은 6세기 인도의 비크라마디티야왕[3]의 치세를 어느 정도 특징짓는데, 이는 중국 당(唐,

3 비크라마디티야왕(Vikramaditya, 380~415 재위) : 인도 굽타 왕조의 네 번째 왕이

618~907) 황제들의 황금시대에도 또 동시대 나라(奈良)에 있던 천황들의 궁정에서도 똑같이 보인다. 또 개인주의와 재국민화를 향한 움직임이 인도에서는 8세기에 힌두교의 사도인 상카라차리야[4]가 출현함으로써 도드라졌는데, 중국에서는 송(宋, 960~1260) 왕조 동안에 유사한 활동이 그 뒤를 이으면서 신유학 및 불교의 선종[5]에서 절정에 이르렀고, 일본과 한국 두 나라에서도 맥을 같이하며 그러한 국면에 접어들었다. 그리하여 기독교 세계가 중세의 정신과 싸우고 있는 동안에 불교 국가들은 문화의 일대 화원이 되었고, 그 화원에서 사상의 꽃들은 제각각 특유의 아름다움을 뽐내며 꽃을 피웠다.

아시아에 끼친 이슬람의 영향

그러나 슬프도다! 칭기즈 칸이 이끄는 몽골 기병대는 이 문명

며 가장 강력한 통치자였던 찬드라굽타 2세다. 한역으로는 초일왕(超日王)이라 한다. 문화와 예술의 황금시대를 이룩하였는데, 법현이 이때 인도를 여행했다.

4 상카라차리야(Sankaracharya, 700?~750?) : 인도 철학의 주류인 베단타 학파를 창시한 사람이다. 우파니샤드의 범아일여(梵我一如) 사상에 입각해 우주의 근본 원리인 브라흐만은 개인의 본체인 아트만과 완전히 동일하다는 '불이일원론(不二一元論)'을 내세웠다.

5 선은 불교의 일파로서, 정신통일을 통해서 깨달음을 구한다. 이는 인도의 난(Gnan)에 해당한다.[원주]

지대를 황폐화시켜 이곳을 그들이 출발했던 곳과 같은 사막으로 만들어버렸다. 스텝 지대의 전사들이 중국 및 인도의 풍요로운 유역에 나타난 것은 그때가 처음은 아니었다. 흉노족이나 스키타이인이 이 나라들의 국경을 일시적으로나마 지배하면서 고통을 준 일이 가끔 있었다. 그렇지만 얼마 뒤에는 쫓겨나거나 평원의 평화로운 생활에 젖어들었다가 결국 흡수되거나 했다. 그런데 이 마지막 몽골의 폭발은 그 이전과는 비교할 수 없는 엄청난 것이었다. 태평양과 인도양까지 이르렀을 뿐 아니라 우랄 산맥을 넘어서 모스크바까지 범람했다. 칭기즈 칸의 후예들은 중국에 원(元) 왕조를 세워 1280년에서 1368년까지 북경에서 군림했다. 그 사이에 그들의 사촌들은 인도를 연속적으로 공격하더니 마침내 웅대한 무굴 제국을 이루었다. 원 왕조의 사람들은 여전히 불교를 신봉했다. 비록 라마교[6]로 알려진 퇴보한 형태이기는 했지만 말이다. 그러나 가즈니의 마흐무드[7]의 자취를 따라서 온 델리의 무굴 황제들은 남아시아를 통해서 정벌의 길을 서둘러 갈 때에 아랍인의 신앙을 받아들였

6 라마교(Lamaism) : 티베트에 존재했던 주술적인 본(Bon)교와 인도에서 온 밀교가 결합해 성립된 티베트 불교로, 몽골, 네팔, 부탄 등으로 전해졌다. 티베트 불교에서 종교적 지도자이자 스승인 라마를 중시하므로 이렇게 일컫기도 했는데, 이제는 그렇게 부르지 않는다.

7 가즈니의 마흐무드(Mahmud of Ghazni) : 가즈니는 이란 북동부의 호라산, 아프가니스탄, 인도 북부를 다스렸던 투르크 왕조(977~1186)를 가리킨다. 마흐무드(998~1030 재위)는 이 왕조의 술탄으로, 그의 치세가 전성기였다. 마흐무드는 바그다드의 칼리프에게 명목상의 충성을 표시하면서 1년에 한 번씩 인도를 침입하겠다는 맹세를 했는데, 실제로 17회나 그런 원정을 실행했다.

다. 무굴인들은 불교를 근절시켰을 뿐 아니라 힌두교도 박해했다. 이슬람이 히말라야 산맥보다도 더 거대한 장벽을 중국과 인도 사이에 끼워 넣었을 때, 불교 국가들은 엄청난 타격을 받았다. 인간의 진보에서 아주 본질적이라 할 수 있는 교통의 흐름이 갑작스럽게 멈추어버렸던 것이다.

우리 자신이 대륙의 이웃 나라들과 오래도록 맺어온 관계도, 중국을 정복한 몽골 지배자들이 13세기 후반에 우격다짐으로 한국을 동맹국으로 삼아 일본을 침략하려고 한 뒤로는 이지러지기 시작했다. 그들의 호전적인 태도는 거의 40여 년 동안 계속되었다. 그러나 섬나라라는 형세와 우리 사무라이들의 용맹 덕분에 그들의 공격을 성공적으로 격퇴시킬 수 있었는데, 그럼에도 그들의 침략에 대한 기억은 지워 없앨 수가 없었고 심지어는 우리 쪽에서 보복적인 조치를 취하려고까지 했다. 당 및 송 왕조의 조정과 맺었던 고대로부터의 우호 관계에 대한 기억은 사라졌다. 중화 제국과 벌였던 최근의 전쟁[8]에 잠재해 있는 원인들 가운데 하나는, 두 나라가 여러 세기에 걸쳐서 품고 있었던 서로에 대한 의심에서 찾아낼 수 있다. 몽골이 아시아를 침략함으로써 불교 국가들은 산산이 흩어져서 결코 다시는 하나가 될 수 없었다. 지금 아시아의 국가들은 서로에 대해 아는 게 얼마나 적은가! 그들은 이웃 나라들에 닥친 파멸적인 운명에 대해 무감각해졌다.

8 청일전쟁(1894~1895)을 가리킨다.

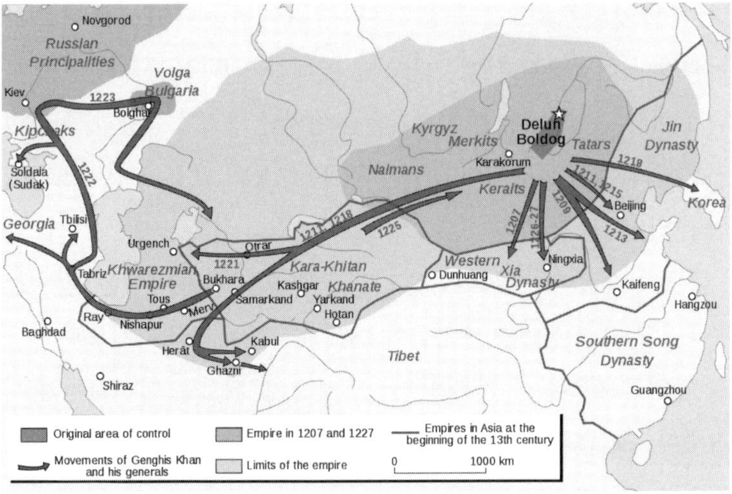

●
칭기즈 칸과 그의 장수들이 정복전을 벌인 경로

아시아의 통일성을 파괴한 몽골의 폭발

몽골의 폭발이 불교 국가와 기독교 세계에 각각 끼친 영향을 대조해보면, 누구라도 강렬한 인상을 받지 않을 수 없다. 지중해나 발트해의 해양 민족들은 오래도록 서로 침략을 한 덕분에 유목민 침입자들의 이 소름끼치는 습격에 잘 대응할 수 있었다. 잠깐 동안의 역전임에도 유럽은, 동양의 우리에게는 재앙이었던 그 고투에서 몇 가지 이득을 얻었다고 말할 수 있을 정도다. 오늘날 유럽을 그토록 가공할 만한 존재로 만든 단결력이 맨 처음 발휘된 것은 바로 그때였다. 타타르 유목민을 대신하고 사라센 및 오토만 제국[9]의 창건으로 귀결된 몽골의 폭발은 서유럽의 여러 민족들로 하여금 공동의 적에 맞서도록 협력할 기회를 제공해주었다. 예루살렘의 성벽 앞에서 그리고 다뉴브강의 기슭에서 기독교 기사도의 정화(精華)가 일단 그리고 계속해서 사이좋게 만났고, 거기에서 교황의 로마가 혼자서는 결코 성립시킬 수 없었을 기독교 세계에 대한 관념이 공고해졌다. 콘스탄티노플의 멸망은 그 자체가 이탈리아 르네상스의 주요 요소들 가운데 하나였다.

동양 문명의 평화적이고 자족적인 성질은 늘 외부의 침략에 저항하면서 약해졌다. 우리는 몽골이 아시아의 화합을 무너뜨리도록 방임했을 뿐 아니라, 인도와 중국 문화의 생명을 부수는 것도 내버려두었다. 북경과 델리의 두 왕좌에서 칭기즈 칸의 후예들은 그들이 복속시킨 그 땅의 전통적인 정책과는 상반되는 전제 정치 체제를 영속시켰다. 정복자와 피정복자 사이에 교감이 완전히 결여되어 있다는 것, 이질적인 공용어의 도입, 토착민이 행정에 전혀 참여하지 못하도록 한 것, 민족의 이상과 종교적 신념의 끔찍한 충돌 따위가 모두 뒤섞여 심리적 충격과 정신적 고뇌를 낳았으니, 인도인들과 중국인들은 거기에서 결코 회복하지 못했다. 가까스로 살아남은 학문은 야만적인 보호를 순순히 따르는 그런 비굴한 정신에

---

9 오토만(Ottoman) 제국 : 1299년에 오스만(Osman) 1세가 아나톨리아 북서부에서 건국해 14세기에 발칸 반도를 정복한 제국이다. 1922년까지 존속했으며, 오스만의 이름을 따서 '오스만 제국'이라고도 부른다.

갇혀버렸다. 남아 있는 독창적인 지적 활력은 오로지 산림의 절망적인 메아리 속에서만 또는 저잣거리의 씁쓸한 웃음소리 속에서만 들을 수 있었다. 그 이후로 예술은 극도로 관습적인 것이 되거나 아니면 기괴하고 기형적인 것이 되어버렸다.

중국과 인도의 상황

외국의 멍에를 벗어던지려는 시도가 없지는 않았고, 어떤 시도는 성공적이기도 했다. 외국의 압제로 말미암아 일어난 국민적 자각의 붕괴는 재국민화 또는 재국수화(再國粹化)를 거의 불가능하게 만들었고, 그리고 본래의 왕조는 외부의 침략과 함께 밀어닥친 참신한 물결을 견뎌낼 수 없었다. 중국에서 14세기 중반에 몽골로부터 통치권을 억지로 되찾은 명(明, 1368~1644) 왕조는 곧바로 내홍(內訌)의 먹이가 되었다. 몽골의 지배에 수반되었던 파괴가 거의 회복되었다고 할 만한 16세기 말경에 북방으로부터 새로운 침략이 있었고, 만주족이 토착[의 한족] 지배자에게서 왕권을 빼앗았다. 그러나 새 왕조[인 청(淸)]의 현명한 정치가들이 정력적인 노력을 기울였음에도 만주족과 한족(漢族)의 완전한 융합은 결코 이루어지지 못했다. 오늘날 중화 제국은 내분이 심각해서 외부의 공격을 물리칠 수 없을 정도로 무기력하다. 중국의 가장 주요한 항구들을 철통같이 점유하고 있는 유럽은 전 중국을 분할하려고까지 하고 있다. 마찬가지로 인도에서는 마라타족[10]과 시크교도들이 무슬림 폭군에 대한 반동적인 폭동을 일으켜 부분적으로는 성공했지만, 그것이 애국심이라는 보편적인 표현으로 결정화(結晶化)되지는 못했

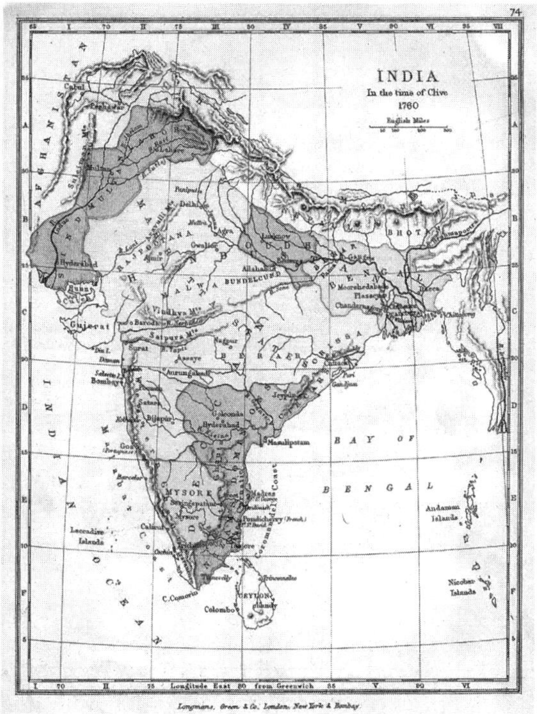

●
마라타족은 18세기에 인도의 상당 부분을 다스렸다. 위 그림에서 가운데 넓은 부분이 마라타족이 통치한 영역이다.

10 마라타족(Mahrattas) : 인도 서부와 중부의 호전적인 민족

다. 이런 통일성의 결여는 자신들의 운명을 서구의 열강이 정하도록 만들었다.

진취적 기상을 잃고 무기력한 반항에 지치고 정당한 패기를 빼앗긴 오늘날의 중국인들과 인도인들은 피할 수 없는 운명 앞에 엎드리게 되었다. 그들 가운데 어떤 이들은 웅대했던 과거의 기억 속에서 위안을 찾는데, 그로 말미암아 전통과 배타성이라는 껍질만 더욱 딱딱해지고 있다. 한편, 또 다른 이들의 혼은 천상계와 같은 꿈속을 떠돌며 미지의 존재에게 호소하면서 위로를 구하고 있다. 그들을 덮어 싸고 있는 '아시아의 밤'은 그래도 그 자체의 미묘한 아름다움이 없지는 않다. 그것은 동양에서 익히 알려져 있던 그 깊고 찬란한 밤들을 떠올리게 한다. 경이(驚異)와도 같은 무심(無心), 비애와 같은 고요함, 사랑과 같은 젖빛의 그런 밤을. 사람이 영혼을 만난다는 장막 뒤의 별들을 만질 수도 있다. 소리가 침묵에게 인사하는 경계 너머의 자연이 들려주는 비밀스런 운율에 귀를 기울일 수도 있다.

거의 270년 동안 산 채로 묻혀 있었던 일본

몽골의 침략을 물리칠 수 있을 만한 힘이 있음을 증명해 보인 일본은 17세기 초에 [기독교] 제수이트파의 선동으로 '시마바라 폭동'[11]이라는 형태로 나타난 저 서양의 침입 계획에 거의 곤란을 느끼지 않았다. 어떤 외국의 정복자도 일본 땅을 오염시킨 적이 없다는 사실이 우리의 자랑이지만, 외부로부터 시도되는 이런 침략은 섬나라 사람 특유의 편견을 다른 세계로부터 철저하게 고립되려는 욕망 속으로 밀어넣어 더욱 굳어지게 했다. 제수이트 전쟁 바로 뒤에는 대양을 항해할 수 있을 만한 큰 배의 건조가 금지되었고, 누구도 이 나라의 해안을 떠나는 것이 허락되지 않았다. 외부 세계와 우리가 접촉할 수 있는 유일한 곳은 나가사키(長崎)의 항구뿐이었다. 거기서는 중국인과 네덜란드인이 엄격한 감시 하에서 교역을 할 수 있도록 허가를 받았다. 거의 270여 년이라는 세월 동안 우리는 산 채로 매장된 꼴이었다!

그런데 더 고약한 운명이 우리에게 닥쳐오고 있었다. 일본에 이 놀라운 고립을 가져다준 토쿠가와(德川)의 쇼오군(將軍)들은 1600년에서 1868년까지 이 나라를 다스렸고, 보이지 않는 전제 권력의 그물을 온 국민에게 펼치고 있었다. 최상층에서 최하층에 이르기까지 모든 이들이 '상호 감시'라는 미묘한 거미줄에 뒤엉켜 있었고, 개성을 이룰 요소들은 모두 완고한 형식주의의 무게에 짓눌

11 시마바라(島原) 폭동 : 1637~1638년에 일어난 일본 역사상 최대 규모의 폭동으로, 에도 말기 이전에 있었던 최후의 본격적인 내전이다. 대체로 종교전쟁으로 보지만, 그것은 폭동에 지나지 않는다. 시마바라번과 카라츠번(唐津藩)에서 혹사와 과중한 조세, 기근 따위로 허덕이던 민중이 두 번의 지배를 거부하면서 일어난 폭동이었기 때문이다.

려서 으깨졌다. 섬으로 된 왕국에 감금된 우리는 외부로부터 오는 자극은 모두 빼앗긴 채 전통이라는 미로 속을 더듬거리며 나아갔다. 새까만 '아시아의 밤'이 우리 위에 드리워져 있다.

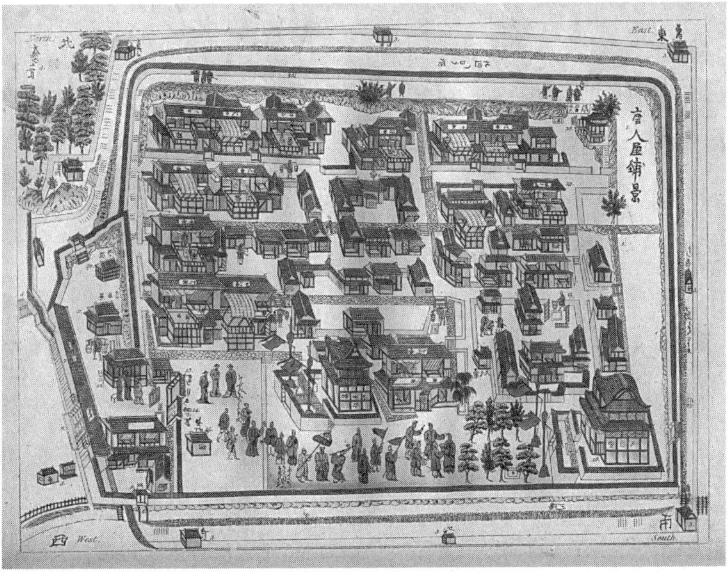

1688년 즈음 나가사키의 중국 무역상들. 이들은 벽으로 둘러싼 지역 즉 토오진야시키(唐人屋數) 안에서만 활동할 수 있었다.

2장 ● 숙면기

2장 ● 숙면기

토쿠가와 쇼오군이 통치한 일본

엄격한 쇄국정책을 개시한 토쿠가와(德川)[1]의 전제 군주들은 쇼오군(將軍)[2] 가문의 계승자들이었는데, 그들은 12세기 이후로 천황의 군사적 섭정(攝政)으로서 일본의 통치권을 찬탈한 자들이었

1 토쿠가와 이에야스(德川家康, 1543~1616)가 1600년에 개창해 1868년까지 지속된 무사 정권인 토쿠가와 막부(德川幕府)를 가리키며, 흔히 에도 막부(江戶幕府)라고도 부른다.

2 쇼오군(將軍) : 일본사에서 쇼오군은 무사 정권의 수장을 가리키며, 카마쿠라 막부(鎌倉幕府, 1185~1333) 이후로는 천황을 대신한 실질적인 권력자이자 통치자였다. 헤이안(平安, 794~1185) 시대에 일본 혼슈(本州)의 칸토(關東) 지방, 토호쿠(東北) 지방과 홋카이도(北海道) 지역에 살던 에미시(蝦夷, 아이누족의 조상) 정벌을 위해 파견된 세이이타이쇼오군(征夷大將軍)의 명칭에서 비롯되었다.

다. 그 시대[3] 이전의 일본은 천황의 직접적인 지배 아래에 있었는데, 천황은 조정 신하들의 도움을 받으며 쿄오토(京都)에서 이 나라를 통치했다. 그러나 관료정치라는 과도한 중앙집권이 그 자체 쇠퇴의 원인이었다. 지방행정을 소홀히 함으로써 지방의 소요를 불러 왔고, 지방의 영지에 장원을 두었음에도 쿄오토의 조정에서는 전혀 적극적인 통제를 하지 않았다. 그리하여 실권은 가장 강한 지방 호족의 손에 들어갔고, 그 대표자는 천황으로부터 쇼오군(將軍) 또는 세이이타이쇼오군(征夷大將軍)이라는 칭호를 받아서 그 섭정으로서 나라를 통치했다. 반면 천황은 유명무실한 통치권만 보유하게 되었다.

최초의 카마쿠라 막부(鎌倉幕府)는 그 대표자인 쇼오군이 수도로 정한 도시에서 그 명칭이 유래되었는데, 1186년에서 1333년까지 그 통치권을 행사했다. 그다음에 일시적으로나마 천황이 권력을 회복하기도 했지만, 곧이어 지배권은 또 다른 쇼오군의 계통 곧 아시카가(足利) 가문으로 넘어갔고 그들은 쿄오토 바로 거기에서 1336년부터 1573년까지 국가를 통치했다. 아시카가 막부가 몰락하자 오랜 기간의 내전이 뒤따랐는데, 이 사이에 탁월한 다이묘오(大名)[4]들이 일어나서 패권을 다투었다. 이런 혼란한 상태 속에서

3 일본의 첫 번째 무사 정권인 카마쿠라 막부의 시대를 가리킨다.

4 다이묘오(大名) : 일본사에서 10세기부터 19세기까지 각 지방의 영토를 다스리며 권력을 누렸던 영주를 이른다. 토쿠가와 가문이 통치한 에도 시대에는 쇼오군의 철저한 감시와 통제를 받았으므로 그 자치권이 매우 약화되었다.

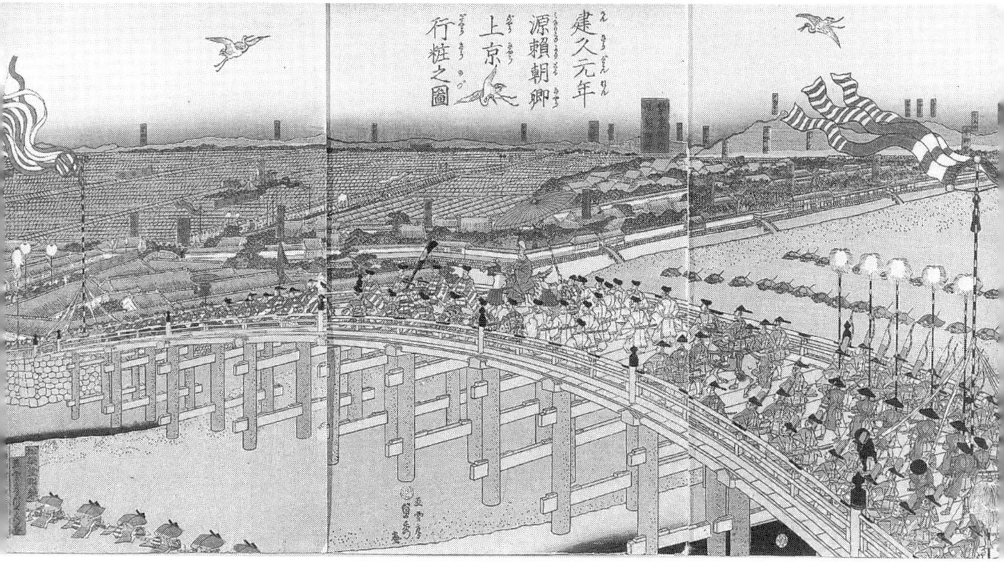

●

1190년에 카마쿠라 막부의 초대 쇼오군인 미나모토 요리토모(源賴朝, 1147~1199)가 교오토로 가는 행렬을 묘사한 그림

●
아시카가 막부의 초대 쇼오군인 아시카가 타카우지(足利尊氏, 1305~1358)

나폴레옹과 같은 천재인 타이코오(太閤)[5] 히데요시(秀吉)가 나타났다. 그는 농부의 아들로 태어나서, 통일된 일본의 주인으로서 1598년에 죽었다. 그러나 그의 아들은 선친으로부터 물려받은 권력을 유지할 수 없었으니, 왕국의 절대 권력은 1600년에 토쿠가와 막부의 1대 쇼오군인 이에야스(家康)에게 넘어갔다.

이에야스의 영향

토쿠가와 막부는 외관상으로는 봉건제의 형태를 취하고 있었음에도 실질적으로는 군주제라는 점에서 그보다 앞선 막부와는 달랐다. 위대한 타이코오 아래에서도 국정은 가장 강력한 다이묘오 다섯 명으로 구성된 평의회(評議會)에서 집행했지만, 토쿠가와 정권 아래에서는 완전히 전제적인 것이 되었다. 이에야스는 자손들을 위한 정책 방침을 구축했는데, 그것은 최근 1868년의 왕정복고 때까지 14대 동안이나 그들의 통치권을 유지할 수 있게 해주었다. 그는 다이묘오들이 유명무실해질 때까지 그들의 힘을 빼앗는 데서 그치지 않고 자신의 가문을 위험에 빠뜨릴 수도 있을 모든 원천들

5 타이코오(太閤) : 헤이안(平安) 시대에는 섭정(攝政)·태정대신(太政大臣)의 경칭이었으나, 후에는 칸바쿠(關白)를 사양하고 그 자리를 자식에게 물려준 자를 가리켰다. 토요토미 히데요시가 대표적인 인물이다. 그래서 그냥 타이코오라고 하면 대개 히데요시를 가리킨다.

에 대한 방비책도 마련해 두었다. 그는 모든 대외교섭으로부터 우리를 차단시켰을 뿐만 아니라, 사회의 다양한 계층들을 분리시켜서 국민적 통일이라는 관념을 완전히 상실하게 만들었다. 그가 꾸민 음모의 교묘함은, 자신의 지배에 대한 모든 반대를 억누르기 위해 우리 자신의 특이성과 은밀한 허영심을 이용한 그 방식 못지않게 군사적 우위를 지속시키기 위한 그의 정교한 책략에서도 명확하게 드러난다. 그는 우리가 타성(惰性)이라는 수레에 매여서 아무런 저항도 하지 못하도록 우리의 민족적 본능 가운데 하나인 '과거에 대한 집착과 숭배'에 호소함으로써 우리의 감정을 달래고 마음을 달뜨게 만들었다. 사실 우리를 속박하는 새끼줄은 대개 우리 자신이 엮은 것이고, 이에야스는 그저 우리가 미래에 무관심한 채로 전통이라는 외피 속에서 잠들도록 어르고 달랬을 뿐이다. 그는 우리를 지나치게 잘 알고 있었는데, 우리가 오늘날 그에 대한 기억을 저주하는 것도 아마 그 때문일 것이다.

토쿠가와 막부의 지배 구조를 적절하게 요약해서 기술할 수는 없다. 대단히 복잡할 뿐만 아니라 어떤 나라의 역사에서도 이와 유사한 예가 없다. 그것은 완전하게 고립되고 그 자체로 완벽한 어떤 사회의 기묘한 광경을 보여주는데, 이 사회는 각기 다른 생활과 이상을 가지고 예술이나 문학에서 뚜렷이 구별되는 독자적인 표현을 하는 허다한 세계 안에서 또 허다한 세계를 낳으며 스스로 활동하고 그 자신에 반응한다. 이것은 유럽의 계급 차별에서 보이는 그 모든 교활함에 더해 인도에서 이해되고 있는 것과 비슷한 카스트 제도의 요소까지도 드러내 보인다. 여기서 우리는 그 주요한 면들을 지적할 수 있다.

첫째는, 처음부터 끝까지 천황이 전부였다. 이 성스러운 관념은 개벽 이래로 유전되고 있는 일본의 사상이다. 신화는 이를 신성화했고, 역사는 이를 기꺼이 따랐으며, 시가는 이를 이상화했다. 불교는 인도가 '법의 수호자'[護法者]에게 바친 그 공경을 가지고 이를 더 풍부하게 해주었고, 유교는 중국이 '하늘의 아들'[天子]에게 드린 그 충의로써 이를 더 굳건하게 다져주었다. 천황은 통치를 중지했을 때도 있지만, 언제나 군림하고 있었다. 그는 신성한 권리에 의해서 존재하는 것이 아니라, 신성한 법에 의해서 존재한다. 이는 인간과 자연의 한 사실이다. 천황은 늘 거기에서, 우리가 경애하는 후지산(富士山)처럼 또는 해안을 끊임없이 씻어내는 저 장려한 바다처럼 침묵의 아름다움 속에서 영원히 서 있다.

그러나 천황의 정치적 의의는 늘 똑같지 않았다는 사실을 기억해야 한다. 우리는 일상의 자연현상에 대해 그것이 의심할 여지가 없는 사실이라는 것 때문에 종종 자각하지 못하는데, 그와 같이 천황에 대해서도 자각하지 못하게 되었다. 마치 햇볕에 몸을 녹이면서도 저 하늘의 해를 마음에 두지 않는 것처럼. 잇따른 찬탈의 먹구름이 오래도록 하늘을 어둑어둑하게 했고, 그래서 태양의 옥좌를 향한 헌신도 결코 그 경의를 완전히 잊지는 않았지만 꽤 서먹해졌다. 이에야스가 쇼오군의 직책에 올라서 사실상 일본의 절대군주가 되었던 16세기경에는 천황의 직접적인 통치에 대한 기억이 모

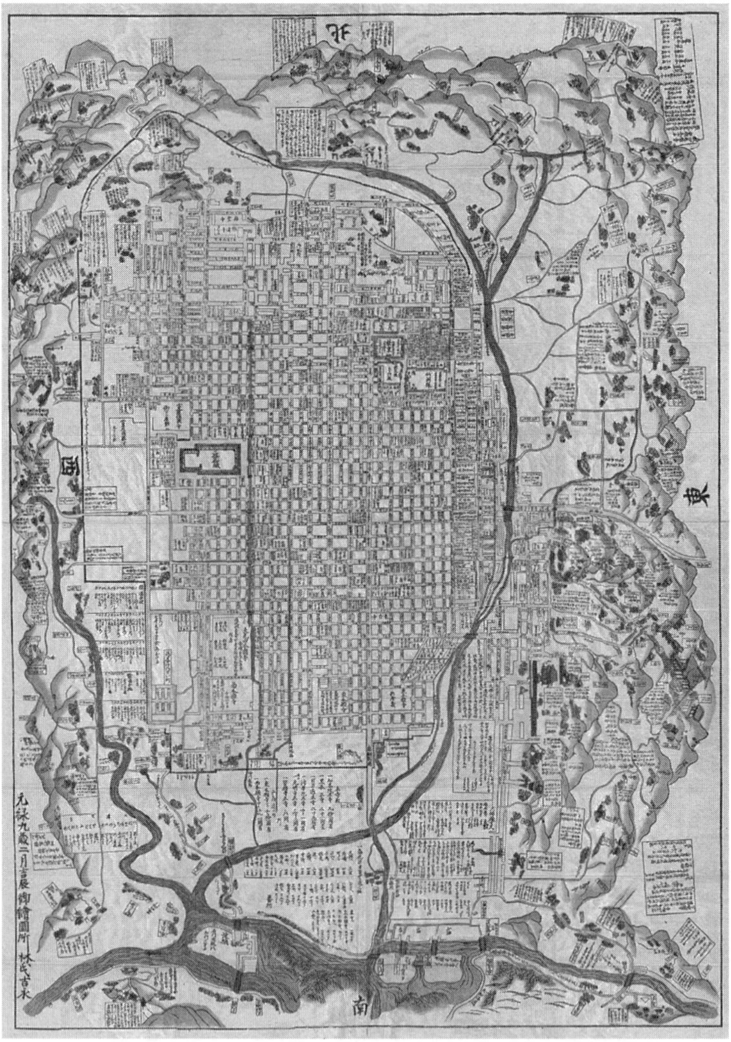

●

17세기 쿄오토(京都)의 지도. 메이지유신 때까지 천황의 거처는 이 도시에 있었다.

두 사라진 지 이미 400여 년이 흐른 뒤였다. 이전에 제국 정치의 도읍이었던 쿄오토에 있던 천황의 조정은 과거의 위신 덕분에 여전히 존재하기는 했지만, 이전의 영광이 남긴 희미한 그림자에 지나지 않았다.

황궁, 금지된 심처(深處)

이에야스의 위대한 천품은 그가 천황을 충분히 의식하면서 국가적 획책을 꾸몄다는 사실에서 분명하게 드러난다. 그는 [천황의] 조정에 자신의 경의를 표하는 데 있어 모든 노력을 아끼지 않았으니, 이는 이전의 쇼오군들이 보여주었던 그런 오만함이나 철저한 무시와는 현저하게 대비되는 것이었다. 그는 천황의 재정을 늘려주었고, 다이묘오들(봉건 영주들)을 불러들여서 황궁을 재건하는 데 참여하게 했으며, 궁정의 의식과 예법을 부활시켰고, 황실의 복지에도 끊임없이 힘을 기울였다. 심지어 그는 옥좌에 대한 쇼오군 자신의 충성심을 표하기 위해서 전례가 없는 의례를 거행하기 시작했다. 해마다 자신의 에도성(江戶城, 지금의 토오쿄오)에서 쿄오토를 향해 천천히 화려한 행렬을 출발시켰는데, 그때 대중의 눈을 현혹시키며 즐겁게 해주었다. 이 모든 일은 전통에 대한 국민적 애호에 아첨하는 것이었고, 새 천년의 도래를 예고하는 것으로 여겨졌다.

그러나 옥좌에 대한 이런 충성심 뒤에는 토쿠가와 가문의 음흉

●
1890년 즈음의 니죠오성(二條城). 이 성은 이에야스가 쿄오토에 머물 때 숙소로 썼으며, 황궁 보호를 명목으로 강력한 수비대가 주둔했던 곳이기도 하다.

한 덫이 숨겨져 있었다. 그들은 천황에 대한 숭배가 필요하다고 인식되면, 그들 자신만이 고승이 되고 다른 [가문의] 사람들은 멀리 떨어져서 삼가며 예배해야 한다고 결정했다. 신성(神聖)이라는 미명 하에 쿄오토의 조정은 이전의 섭정들이 참고 견디며 지켜왔던 정치적 권위의 마지막 자투리조차 박탈당했다. 강력한 수비대가 표면상으로는 황궁의 보호를 위해 쿄오토에 주둔했으나, 그 대원들은 토쿠가와 쇼오군가(將軍家) 직속의 정련된 호위병들 가운데서 선발된 자들이었다. 그들은 계속해서 황실의 왕자들 가운데 한 사람을 초대해 승려로서 서원(誓願)을 세우도록 하고는 우에노(上野) 절[6]의 주지로서 에도에 머물게 했다. 이는 사실상 그들이 쿄오토 조정에서 온 인질을 늘 도성에 붙잡아두고 있었음을 의미한다. 어떤 다이묘오도 그들의 승낙 없이 천황을 알현할 수 없었다.

보이지도 않고 들리지도 않는 천황은 불가사의한 외경심을 느끼게 했다. 그의 황궁은 이제 엄밀한 의미에서 '금리(禁裏)'[7]가 되었다. 조정이 오랫동안 지녔던 정치적 중요성은 반종교적(半宗教的)

---

6 칸에이지(寬永寺)를 가리킨다. 토오쿄오도(東京都) 타이토오구(台東區) 우에노에 있는 천태종 사원. 설립자는 토쿠가와 이에미츠(德川家光, 1623~1651)로, 토쿠가와 쇼오군가의 사찰이다. 토쿠가와의 역대 쇼오군 15명 가운데 6명이 여기에 잠들어 있다. 17세기 중반부터 황족이 이 사찰의 주지를 맡았고, 천태종의 본산으로서 강력한 권세를 자랑했다.

7 금리(禁裏) : 금중(禁中)과 같으며, 궁중을 가리킨다. 본래는 "사람들이 함부로 드나들 수 없는 곳"을 뜻하는데, 여기서는 이 말이 "감금하여 가두다"는 의미도 담고 있다. 텐신도 그런 의미에서 "엄밀한 의미에서"라고 말한 듯하다.

관념 속에서 사라졌다. 이 나라를 처음 방문한 서양인들이, 일본에는 두 명의 통치자가 있어서 세속적인 통치자는 에도에 있고 신성한 통치자는 쿄오토에 있다고 쓴 것은 전혀 놀라운 일이 아니다. 토쿠가와 시대에 우리 선조들이 천황에 대해 변치 않는 충성심을 표시했음에도 그들은 오늘날 우리를 고무시킬 만한 불 같은 열의를 조금도 지니고 있지 않다. 그들에게 그것은 하나의 상징이었지만, 우리에게는 살아 있는 실재다.

쿠게 또는 조정의 귀족

천황 다음으로 사회적 계급(황실의 계통은 모든 계급의 구별을 뛰어넘는 것으로 간주된다)에서 가장 앞에 놓이는 것은 쿠게(公家)들, 곧 쿄오토 조정의 귀족들이었다. 사회에서 그들이 차지하고 있던 고귀한 신분은 천황과의 교제에서 생긴 것이다. 그들의 신분이 옥좌에 가까이 있다는 데서 그들은 시적으로 '달의 벗들(月卿)'이나 '구름의 손님들(雲客)'로 불렸다. 그들의 운명은 황실의 운명과 함께 성쇠(盛衰)를 겪었는데, 일본 전역에서 광대한 정치적 변화가 일어났음에도 그들은 국가의 운영에 활발하게 참여했던 시절부터 한결같이 황실에 충실했다. 여기에서 다시 일본 민족이 새것을 환영하면서 동시에 옛것을 보전하게 만드는 저 완고하고 집요한 의지의 놀라운 사례를 엿볼 수 있다.

●
일본의 대표적인 문학인 『겐지모노가타리(源氏物語)』(11세기)를 17세기 후반에 그림으로 표현한 화첩의 일부. 일본 쿠게의 생활을 여실하게 보여준다.

쿠게는 645년부터 1166년까지 천황의 통치에 참여한 저 왕자다운 관료들의 상속자들이었다. 사회적 관습, 예술의 표현 등과 함께 이전의 정치 체제는 주로 중국 당 왕조의 그것에 의거한 것이었다. 쿠게는 늘 그 이상(理想)의 수호자로서 남아 있었다. 중국이 계속해서 새로운 정책을 시도하고 일본 자신은 봉건제의 다양한 국면들을 거치면서 토쿠가와의 군주제로 나아가는 동안에, 쿠게는 12세기 이전의 생활을 계속 영위했다. 그들의 복식은 11세기의 것이었고, 그들의 예법은 10세기의 것이었다. 그들은 당대(唐代)의 음운으로 한문을 읽었고, 9세기 이전부터 계승되던 부가쿠(舞樂)[8]의 고전적 가락에 맞추어 춤을 추었다. 그들은 후지와라(藤原)[9] 시가들의 순수주의를 좋아했고, 회화에서는 고대의 유파들이 사용한 기법을 즐겨 사용했다. 우리가 인도의 카르마-칸다(Kharma-Kanda, 의례의 준수)와 중국 초기 불교의 교리를 보존하고 있는 것은 과거에 대한 그들의 헌신적인 애착 덕분이다.

토쿠가와 정부는 조정의 귀족들을 천황과의 교제 때문에 그리고 민족사에서 그들이 차지하고 있는 위치 때문에 달래기도 하고 존중하기도 했다. 쿠게는 다이묘오보다 우월한 지위를 인정받았

8 부가쿠(舞樂) : 춤을 수반한 아악(雅樂)으로, 한반도의 삼국시대에 전해진 음악에 바탕을 두고 있다. 일본에서 가장 오래된 전통 예술이며, 지금도 궁중의 행사나 연회에서 공연된다. 헤이안(平安) 초기에 당악(唐樂)과 고려악(高麗樂)으로 정비되었다.

9 후지와라(藤原)는 일본사에서 가장 영향력이 있었던 귀족 가문이며, 특히 헤이안 시대에 정치적 권력을 독점하다시피 했다.

●

근대까지 건재했던 귀족 곧 쿠게를 찍은 1873년의 사진

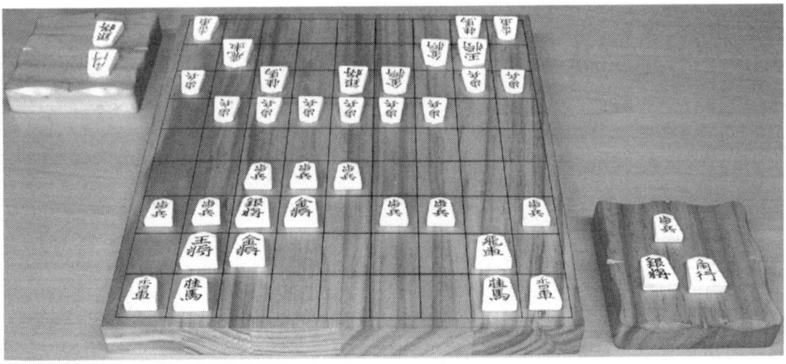

●
일본의 장기인 쇼기

고, 그들의 수입은 크게 늘지는 않더라도 최소한은 보장되었다. 이 보장은 생계의 유지를 위해서 자기가 쓴 시를 팔아야 했던 비참한 시절을 기억하고 있던 이들에게는 분명히 기뻐할 만한 일이었다. 그들은 만족했고, 토쿠가와 쇼오군들은 통혼과 때에 알맞은 재정적 원조를 함으로써 그들이 자신들에게 계속 호의를 지니도록 만들었다. 그런데 쿠게는 어마어마한 작위(爵位)를 계속 지니도록 허용되었음에도 정치적 권력은 모두 철저하게 박탈당했다. 추밀고문관의 임무가 연가(戀歌)의 시비를 토론하는 일이 된다든지, 국무대신의 임무가 꾀꼬리들의 회합에서 사회를 보는 일이 된다든지 했다. 쇼기(將棋)[10] 놀이에서 여왕 말이 칙령에 의해 장엄하게 폐지된

10 쇼기는 한자어가 장기(將棋)와 같으나, 중국이나 한국에서 두는 것과는 사뭇 다른 일본식 놀이다.

것도 그 멋스런 도락의 시절에 있었던 일이다.

다이묘오

사회적 계급에서 이론적으로는 쿄오토 조정의 귀족들 다음이지만 실제로는 더욱더 자부심이 강하고 권력도 강력했던 자들은 다이묘오(大名) 또는 봉건 영주(글자 그대로 대공)들이었는데, 그 수가 거의 3백이었다. 이들은 몇 가지로 나뉘는데, 왕년에 호족의 자손이었던 토자마 다이묘오(外様大名),[11] 그리고 공명을 세우거나 혈통으로 이어져 있다거나 해서 토쿠가와 가문에 의해 작위를 받은 신생의 다이묘오 등이다. 토쿠가와 시대 초기에는 토자마 다이묘오들이 커다란 위험의 근원이었는데, 그들의 오래된 호전적인 정신이 길들여지지 않은 채로 남아 있었기 때문이다. 이에야스 및 그의 후계자들이 군사적 지배권을 유지하기 위해서 또 일반적으로 다이묘오들을 절대적인 지배하에 두기 위해서 채용한 방식은 그 자체로 하나의 연구 대상이다. 토쿠가와 시대 초기의 일본 지도를 보면, 봉건 영지들이 그들 사이에 정치적 연합이 전혀 이루어질 수

11 토자마 다이묘오(外様大名) : 에도 시대의 다이묘오 가운데서 1600년의 '세키가하라 전투(關ケ原の戰い)' 이후에 토쿠가와가에 복속된 자들. 이 호칭은 무로마치(室町) 막부 때부터 있었으며, 막부와의 유대가 긴밀하지 않았던 이들에게 붙여진 것이었다.

없도록 분배되어 있다. 이러한 지도에서는 후다이 다이묘오(譜代大名)[12]들이 토자마 다이묘오들 사이에 쐐기처럼 끼어 있으면서 끊임없이 그 크기와 힘을 증대시키고 있는 것을 볼 수 있다. 전국의 주요한 교통로에 있는 전략적 거점들을 점차적으로 다이묘오들에게서 빼앗아 모두 쇼오군 자신이 보유하거나 심복의 손에 두었다.

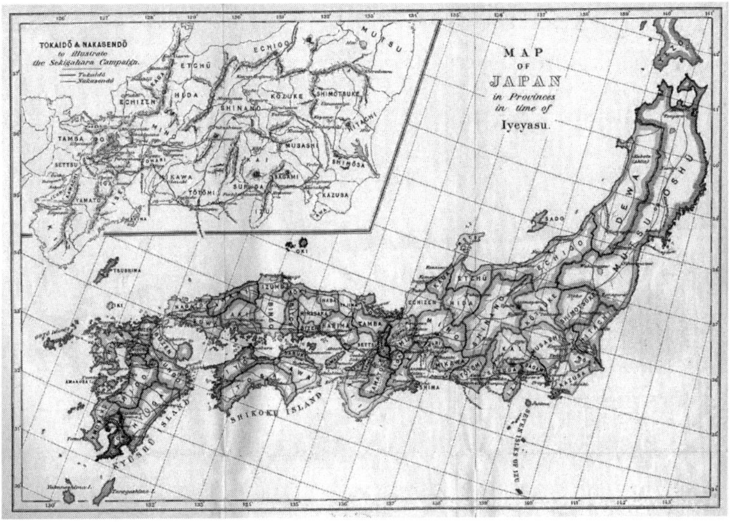

●
이에야스 때의 일본 지방. 각 지방이 다이묘오들의 영지였다.

영토의 권리 문제에 관한 회의를 열기 위해서 다이묘오들을 에

12 후다이 다이묘오(譜代大名) : 세키가하라 전투(1600년) 이전부터 토쿠가와 가문에 봉사하고 카세이(家政)에 관여해온 가신(家臣)들을 가리킨다. 카세이는 쿠게(公家)나 부케(武家)의 영지 지배 전반을 가리킨다.

도에 소집하는 관례는 곧 하나의 제도를 개시하는 것으로 이어졌는데, 그 제도에 의해서 각 다이묘오는 해마다 자신의 영지를 떠나 쇼오군에게 신하의 예를 표하도록 강요받았고, 한편 그 가족들은 인질로서 영구히 도성에서 살아야 했다.[13] 이러한 제도에서 다이묘오들은 쇼오군의 직접적 지배 아래에 있지 않을 때에도 대부분의 시간을 자신의 영지에 가고 오는 여행으로 허비했는데, 그 때문에 정부에 대한 모반을 꾀하거나 그것을 실행할 기회가 거의 주어지지 않았다. 새롭게 상속법을 제정해 다이묘오들로 하여금 카메이(家名)[14] 상속의 경우에는 항상 정부의 승인을 받게 했고, 혼인의 경우에도 모두 정부의 승인을 받게 했다. 다이묘오들이 영지에서 거두어들인 수입은 끊임없이 계속 유출되었는데, 그것은 [막부에서] 그들을 불러들여 황궁의 수리나 다른 공공사업을 돕도록 했기 때문이다. 질투와 경쟁도 부추겨서 다이묘오들이 상호 불신하고 정탐하는 통탄할 지경에까지 이르게 만들었다.

이러한 상황에서 반란을 일으킨 저 토자마 다이묘오들은 곧바로 자신들의 무력함을 깨닫게 되었으며, 변함없이 녹봉의 삭감이나 영지의 전환 또는 봉토의 몰수—이 마지막 징벌에는 죽음이 수

13 산킨코오다이(參勤交代)라고 하는 제도다. 다이묘오들이 막부의 명에 의해서 정기적으로 지방의 영지인 번(藩)을 떠나 에도에 올라오는 일이다. 이때 다이묘오의 가족은 에도에 머물도록 강제되어 결국 영지와 에도에서 이중생활을 하게 되었는데, 이는 각 번의 재정적 부담을 가중시켰다.

14 카메이(家名) : 부친에서 아들로 대대로 계승되며 영속성을 가진, 개개의 가문에 부여된 명칭

●
에도성에 모여든 다이묘오들. 산킨코오다이(參勤交代)는 그들을 통제하는 효과적인 방책이었다.

반되었다—등의 처벌을 받았다. 국가의 통치가 형태상으로는 여전히 봉건제를 취하고 있었지만 실제로는 절대군주제—가부장제적이고, 자애롭지만 철저하게 독재적인—였던 것을 그들 다이묘오들은 실감하게 되었다. 그들은 자신들의 가장 사소한 행동들조차 끊임없이 감시당하고 있었음을 곧 알아챘고, 그래서 자신들의 가신들까지 불신하기 시작했다. 이런 강력한 감시는 토자마 다이묘오들에게만 국한된 것이 아니었다. 세습 세력과 행정 권력의 결탁을 두려워한 토쿠가와 가문은 변함없이 각료 대신들을 훨씬 작은 후다이 다이묘오들 가운데서 선정했다. 그들과 같은 핏줄의 귀족들 가운데 유력자도 토자마 다이묘오들과 같이 엄중한 감시를 받았는데, 이는 왕정복고의 쟁투가 벌어지던 동안에 왜 모든 다이묘오들이 토쿠가와 정부에 대해 그토록 미온적인 태도를 보였는지를 설명해준다.

사무라이 또는 칼을 찬 신사

다이묘오들 아래에는 사무라이들 또는 칼을 든 무리, 곧 40만 명의 사무라이들이 있었다. 그들은 쇼오군에 직속되거나 아니면 다이묘오들의 기치 아래에서 봉사했다. 그들의 지위는 세습되었고, 사무라이로서 최하층을 구성하고 있던 카치(徒士)[15]의 경우를 제외하고는 모두 자신들보다 낮은 계급과의 혼인이 금지되었으므로 그들의 혈통은 순수하게 유지되었다. 그들은 두 자루의 칼을 차고 가문의 문장을 지닐 권리와 의무를 가지고 있었다. 그들의 신분 내에도 허다한 계급 차별이 있었고, 각자가 특권을 가지고 있었다. 가끔은 고위 사무라이의 봉토가 작은 다이묘오들의 봉토보다 더 넓고 부유했다. 그런데 사무라이의 법도[16] 아래에서는 모두 전우애에 속하는 그런 평등권을 누렸다. 그리고 영국이나 프랑스의 국왕들이 '그 나라 제일의 신사'라는 칭호를 기꺼워했던 것과 똑같이, 쇼오군은 자신을 '제국 제일의 사무라이'로 여겼다.

15 카치(徒士) : 에도의 막부나 여러 번(藩)에 소속되어 도보로 싸우던 하급 사무라이
16 구체적으로는 '부케쇼핫토(武家諸法度)'를 가리킨다. 이는 에도 시대에 막부가 부케(武家)를 통제하기 위해 제정한 법령이다.

그런데 토쿠가와 체제의 출현과 함께 다이묘오와 사무라이는 쿄오토의 쿠게처럼 시대에 뒤떨어진 존재가 되었다. 12세기 왕정의 몰락과 17세기 토쿠가와 전제 정치의 흥기 사이에 끼어 있는 봉건 시대의 한 산물인 사무라이는 자신들이 과거에 품었던 이상(理想)을 기묘할 정도로 끈질기게 고수했다. 그들의 미술은 15세기를 반영하는 카노오파[17]의 그것이었다. 그들의 음악과 극은 일본의 16세기 오페라인 노오(能)였다. 그들의 복장, 건축 그리고 언어는 토쿠가와 시대 직전 시기의 양식을 유지했다. 그들의 종교는 봉건시대에 활발발한 영감이 되어주었던 선종의 사상이었다. 사실상 사무라이의 모든 법도는 카마쿠라 및 아시카가의 기사(騎士)들이 그들에게 물려준 상속재산이었고, 그 당시에는 온 국민이 일종의 야영 군대였다.

일본을 있는 그대로 받아들이고 그 특이성을 활용한 이에야스는 대대로 내려오던 관습들과 군사적 복종에 대한 자신의 애호를 통해 사무라이 계급을 평온한 상태로 유지했다. 모든 일이 선례와 관례에 의해서 통제되었다. 사무라이나 다이묘오의 자식은 부친의 예를 그대로 따랐으며, 그것을 변화시키는 일은 꿈에서도 생각하지 않았다. 토쿠가와 막부는 사무라이들에게 유교적 교육을 시

17 카노오파(狩野派) : 일본에서 15세기부터 19세기까지 화단의 중심에 있었던 전문화가들의 집단. 카노오 마사노부(狩野正信, 1434~1530)가 그 시조다. 각 시대마다 권력자들과 밀접한 관계를 맺었으며, 귀족들의 성을 장식하는 병풍화로 유명하다.

●
무장하고 말을 탄 사무라이(1878년경 작품)

킴으로써 그 호전적인 본능을 누그러뜨리고 전통의 숭배를 권장했다. '토쿠가와의 태평(太平)'이라 일컬어진 그 통치를 칭송하는 소리가 귀가 먹먹해지도록 끊이지 않고 울려퍼졌으므로 그것이 영원히 이어질 것이라고 토쿠가와 가문은 바랐고 또 믿었다.

토쿠가와 시대의 다이묘오나 사무라이의 생활에 오락이 결여되어 있었던 것은 아니다. 격검의 승부나 유술(柔術)의 시합, 매사냥이나 궁술 경기 이외에도 시마이(仕舞)[18]나 다도(茶道) 등도 있었고, 자기 조상들의 공훈을 하나하나 열거하는 지루한 연회도 있었다. 게다가 벚나무 아래에서 형편없는 한시(漢詩)를 짓느라고 많은 시간을 보내기도 했다. 그들 가운데는 유복해서 늘 낭비를 일삼는 자가 가끔 있었는데, 그것은 황금을 경멸하는 습관이 깊이 배어 있었기 때문이다. 그런 자는 진귀한 송나라 화병이나 마사무네(正宗)[19]의 도검(刀劍)을 위해서 가산을 탕진하기도 했다. 금속에서 고토오가(後藤家)[20], 마키에(蒔繪)[21]에서 코마가(古滿家)[22] 등이 보여준

---

18 시마이(仕舞) : 노오가쿠(能樂)에서 반주나 의상을 갖추지 않고 노래만으로 추는 약식 춤

19 마사무네(正宗, 1264?~1343) : 일본도(日本刀)를 만든 도공(刀工) 가운데 역사상 가장 저명한 인물로, 카마쿠라 시대 말기부터 난보쿠쵸오(南北朝, 1336~1392) 시대 초기에 카마쿠라(鎌倉)에서 활동했다.

20 고토오가(後藤家) : 무로마치 시대(室町時代, 1336~1573) 후기부터 에도 막부 말기까지 금속 공예의 일을 한 가계. 대대로 쇼오군가에 봉사했다.

21 마키에(蒔繪) : 금이나 은의 가루로 칠기 표면에 무늬를 넣는, 일본 특유의 미술 공예

22 코마가(古滿家) : 에도 시대에 토쿠가와가에 봉사한 마키에시(蒔繪師)의 가계로, '코마가(高麗家)'로도 쓴다.

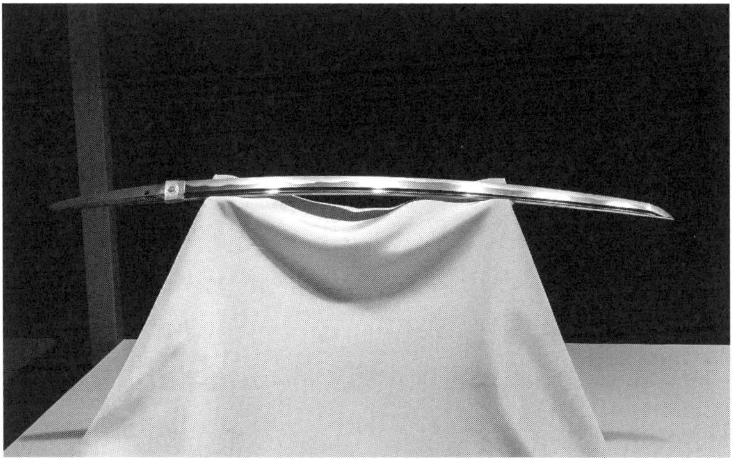

●

칸제 마사무네(觀世正宗)로 불리는 칼(위)과 18세기 우키요에(浮世畵)에 그려진 마사무네와 그 조수(아래)

경이로운 세공물은 다이묘오들이 후원한 결과였다. 일본에서 예술적 취향의 수준이 갑작스럽게 떨어진 것은 다이묘오와 사무라이 계층이 사라진 데에 그 원인이 있다.

주군으로부터 쫓겨났거나 섬기던 다이묘오가 멸망하면서 어디에도 소속되지 못한 그런 사무라이들을 로오닌(浪人, 떠돌이)이라 불렀다. 문학적 재능이나 학자적 야심이 있는 차남(次男)이 때때로 로오닌이 되어서 가르치는 일을 하며 먹고살았다. 로오닌들은 사무라이로서 권리와 특권을 모두 유지했지만, 한편으로는 정통의 사무라이들 사이에서는 알려지지 않은 개성과 사상의 자유를 그런 독립적인 상태 덕분에 얻었다. [메이지 시대에] 왕정복고라는 최초의 전언이 국민들에게 전해진 것도 이들 로오닌 학자들을 통해서였다.

평민, 즉 농민과 공인과 상인

사회계급에서 네 번째는 농민·공인·상인 등의 순서로 정렬되는 평민이었다. 유럽에서 군주제가 흥기할 때에 민중이 늘 귀족들에 대항하여 군주를 도왔던 것처럼 일본에서도 토쿠가와 가문은 다이묘오들에 대한 최상의 협력자들을 평민 안에서 발견했고, 그 대가로 그때까지는 알려지지 않았던 많은 특권을 그들에게 부여했다. 그리하여 대중의 생활과 재산은 봉건 영주들이 약탈을 일삼던 시대에는 없었던 그런 보호를 받았다. 한정된 범위 안에서나마 그들은 자치적인 행정을 해나갈 수 있다는 허락도 받았다. 산업과 상업은 전혀 방해받지 않고 번영했다. 정부가 세입을 쌀로 거두어 들이면서 농업은 특히 장려되었다. 일본을 유명하게 만든 미술과 공예는 평민들의 덕을 입고 있다. 근대의 연극과 대중문학, 토리이(鳥居)[23]와 호쿠사이(北齊)[24]의 채색 판화 등도 그들에게 빚지고 있다.

그런데 토쿠가와 가문은 평민에 대해서도 전통이라는 장벽을 통해 사회조직의 분리된 구획 속에 밀어 넣는 차별 정책을 실시했다. 평민들은 특정한 직업이나 오락에서는 환영받았지만, 더 높은 신분으로 침입해 들어가는 것은 금지되었다. 그들에게는 문장이 붙은 투구를 쓰거나 성씨를 갖는 것도 허용되지 않았다. 그들은 단쥬우로오(배우들)[25] 계통의 배우들이 딸린 극장은 가질 수 있었으나, 사무라이의 노오가쿠(能樂)나 쿄오토 권세가의 고전적 무용에는 탐닉할 수 없었다.

반란에 대한 예방책으로 모든 평민들은 무기를 지닐 수 없었다. 그런 움직임을 감시하기 위해서 막대한 수의 비밀경찰을 고용

23 토리이 키요나가(鳥居淸長, 1752~1815)다. 건강한 생명력이 넘친 미인화를 그렸는데, 에도의 실제 풍경을 배경으로 한 미인군상(美人群像)을 절묘하게 표현한 수작을 많이 남겼다.

24 카츠시카 호쿠사이(葛飾北斎, 1760~1849)다. 에도 시대에 활약한 우키요에 화가로, <후가쿠삼십육경(冨嶽三十六景)>과 <호쿠사이만화(北齋漫畵)>가 대표작이며, 세계적으로 유명하다.

25 단쥬우로오(團十郎) : 카부키(歌舞伎) 배우를 일컫는 말

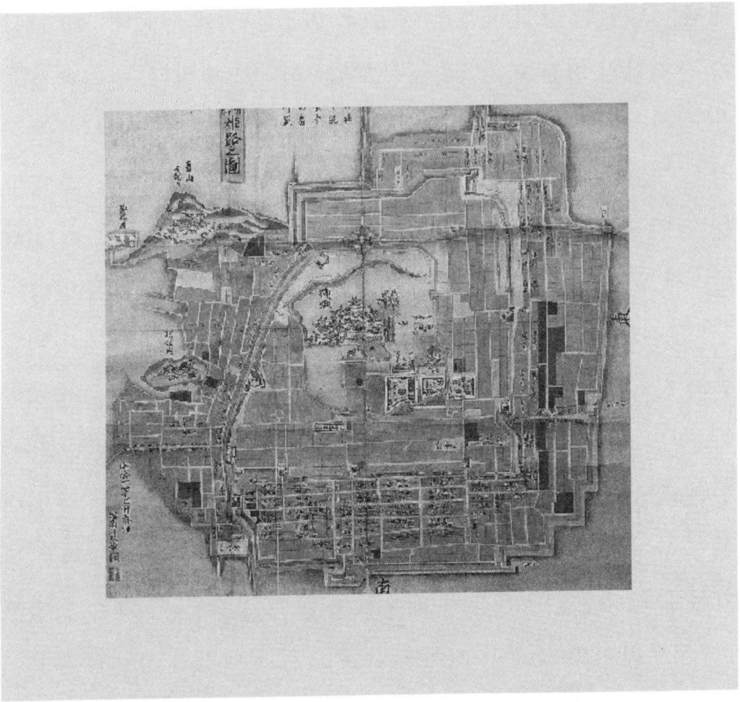

●
1761년의 히메지성(姬路城)과 그 주변 지도. 성 주위에는 사무라이들의 가족들과 상인, 공인 들이 살았다.

했고, 한 번이라도 불만의 숨을 내쉬기만 하면 엄벌에 처했다. 모든 벽이 귀를 쫑긋 세우고 있는 것처럼 여겨졌기 때문에 침묵의 공포가 그들을 따라다녔다. 그들이 할 수 있는 것이라고는 일하고 복종하는 것뿐이었고, 아무것도 물어서는 안 되었다. 아무리 부유하고 높은 기예를 이루었다고 하더라도 평민으로 태어난 자는 죽을 때까지 평민이어야 했다. 냉혹한 관습들과 속박들에 둘러싸여 있었으므로 그들은 서글프게도 자신들의 기운을 쓸데없는 일이나 종교 따위를 통해서 쏟아내야 했다. 훨씬 더 진중한 평민들의 종교가, 인도의 박타 수행자들에게서 아주 도드라지는 표현 곧 저 거룩한 사랑에 몰입하기 위해서 아미타불의 무한한 자비심에 호소하는 것으로 이루어져 있다는 사실은 놀랍지 않은가? 그들 가운데서 더 약하고 경솔한 자들이 어리석은 짓을 이상화하는 데 빠져 [현실의 차별을] 잊으려 애쓰는 것을 나무랄 수 있겠는가?

버림 받은 사람들

평민들 아래에는 사실상 사회조직으로부터 완전히 배제된, '에타(穢多)'[26]로 알려진 버림받은 자들이 있었다. 그들은 죄인의 자손

---

26 에타(穢多) : 직역하면 "더러움이 많은 사람, 아주 더러운 사람"을 뜻하는데, 중세 일본의 신분 가운데 하나다. 헤이안 시대 때 시작되어 에도 시대에 확립되었으며, 메이지 시대에 폐지되었다. 사농공상(士農工商)에 포함되지 않는 최하층의 신

들로, 초기에는 다른 집안과 혼인하는 것이 허락되지 않았기 때문에 그들만으로 별개의 계층을 이루었다. 그들 가운데는 꽤 부유한 자들도 있었는데, 그것은 불교의 규범에 의해서 청결하지 못하다고 간주된 직업, 곧 피혁을 취급하는 일에서 전매권을 소유하고 있었기 때문이다. 공적으로 사형을 집행하던 자도 이 계층에서 정해졌다. 왕정복고 이전에 모든 사람은 법 앞에서 평등하다고 간주되었을 때, 이 계층의 사람과 접촉하는 일은 일종의 부정(不淨)으로 여겨졌다.[27]

쾌적한 잠에 빠졌던 국민

인습이라는 둑과 도랑으로 말미암아 그 자체 내에서 분열되어 있던 국민적 의식은 좁아지다가 마침내는 침체될 수밖에 없었다. 자발성의 흐름은 17세기의 종결과 함께 멈추었다. 최근의 동양 사상에서 볼 수 있는 미시적인 경향이 우리 안에서는 중국에서조차 없었던 정도로까지 도드라졌다. 우리의 생활은 토쿠가와 시대의

분에 대해 경멸하는 말이다.

27 근대 이후에도 일본에서 신분 차별은 사라지지 않았다. 지금은 '에타'가 아닌 '부라쿠민(部落民)'으로 불리는데, 여전히 이들은 취직이나 결혼에서 차별을 당하고 있다. 이런 상황이니 재일조선인이나 외국인에 대한 차별이 없을 수가 없다.

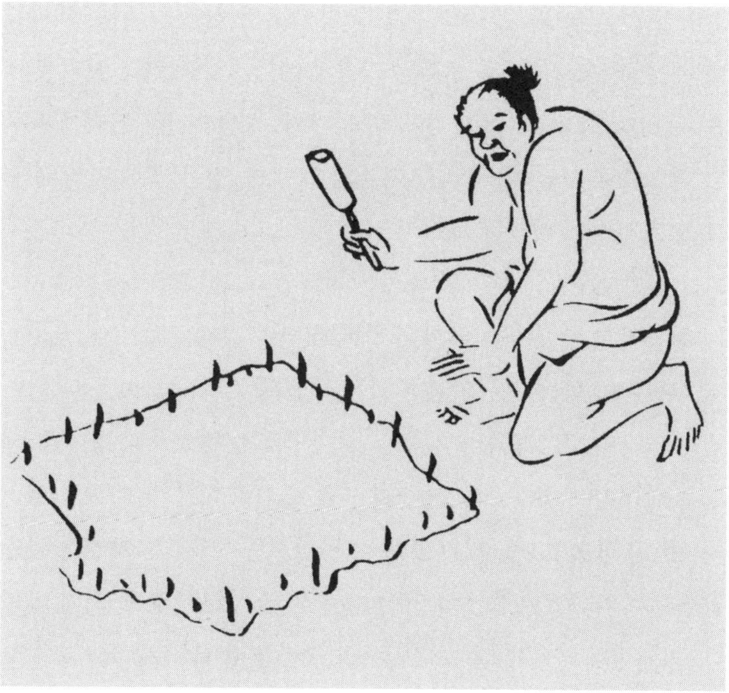

●

피혁을 손질하는 에타(1500년경의 그림)

전형적인 산물이었던 축소 모형들 및 왜소한 나무들[28]처럼 되어갔다. 본질적으로 자유의 세계인 미술과 문학에서만 어떤 활기를 엿볼 수 있다. 그 시기 동안 한 국민의 자기 집중이 일본 미술에 독특한 매력을 부여했다. 양식과 기품의 토대인 '전통에 대한 숭배'는 그 모든 표현에 미묘한 세련미를 주었다. 그럼에도 바로 이 고전주의는 낭만주의자의 노력을 해치는 적이었다. 왜냐하면 형식주의라는 전반적인 추세 아래에서 진정한 개성이 억제되었기 때문이다. 또 사회적 생활과 이상의 구획화는 어떤 창조적 정신이든 다 막아버려서 국민적 애정과 열망 전체를 반영하지 못했기 때문이다. 세부적인 데서는 확실히 교묘한 솜씨를 발휘하고 또 때때로 거칠고 기이한 공상으로 내달리기도 하지만, 코오린(光琳)[29]의 재간을 갖춘 화가나 치카마츠(近松)[30]의 강한 힘을 지닌 시인이 눈에 띄지 않는다. 어떤 이는 아름다운 물웅덩이와 같아서 동시대 사상의 그림자를 반영하기도 한다. 그러나 이상(理想)이라는 광대무변한 대양의 전망을 보여주는 이는 없다.

---

28 분재(盆栽)를 가리킨다.

29 코오린(光琳) : 17세기 후반의 위대한 화가.[원주] 오가타 코오린(尾形光琳, 1658~1716)이며, 에도 시대의 화가이자 공예가다. 그의 작품 가운데서 <제비붓꽃 병풍>이 걸작으로 꼽힌다.

30 치카마츠(近松) : 일본의 세익스피어.[원주] 치카마츠 몬자에몬(近松門左衛門, 1653~1725)이다. 일본의 죠오루리(淨瑠璃, 인형극)와 카부키의 작가로, 그의 유명한 작품들은 대개 연인의 동반 자살을 다루고 있다.

●
쿄오토 다이토쿠지(大德寺) 료오겐인(龍源院)의 정원. 에도 시대의 정원들은 추상화와 양식화 즉 형식주의를 여실하게 보여준다.

어쨌든 저 숙면기 동안에 동면하고 있었던 일본은 그 자체로는 틀림없이 쾌적했을 것이고, 그렇지 않더라도 그렇게 오래 잠자지는 않았을 것이다. 주체적으로 생각할 정도로 상스러운 사람이 없었던 시절, 생활이 의례적이기는 했지만 우아했던 시절, 그런 시절에 대한 기억을 품고 있는 노인들을 지금도 볼 수 있다. 어떠한 기회든 자신에게 유용하게 쓸 만큼 현명한 사람조차 절묘하게 바보로 만들어버리는 기회들이 줄곧 있었다. 중국의 마키아벨리인 한비자(韓非子)는 2200년 전에 전제 정치의 비결에 대해 이렇게 말했다. "그들을 즐겁게 해주되, 그들을 싫증나게 하지 말고 그들이 알게 하지 말라." 교활한 술책에 있어 노련한 대가였던 이에야스는 이런 교훈을 잘 따랐다. 지나칠 정도로 충실하게. 우리는 즐거워했다. 우리는 변화에 마음을 쓰지 않았고, 우리는 알려고 애쓰지 않았다.

3장 ● 불교와 유교

3장 • 불교와 유교

통치에 개입한 적 없는 불교와 유교

토쿠가와 막부의 최종적인 몰락을 야기할 그 정치조직 내의 흠결이 토쿠가와의 학문 권장 속에 있었다는 것을 인지한 비평가들도 있다. 이에야스가 개시한 체제 아래에서 전국의 아이들은 지방 승려들의 훈육을 받으며 읽기와 쓰기를 배워야 했다.[1] 그리하여 가장 미천한 농부에게까지 일정 정도의 교육이 행해졌는데, 동시에 전국 곳곳에 무수히 많은 학숙(學塾)이 설립되었다. 이러한 방책의 결과로 왕정복고의 교서를 받아들일 국민적 정신이 준비되었다는

---

1 '테라코야(寺子屋)'에서 이루어진 교육을 가리킨다. 테라코야는 중세 시대에 사찰에서 이루어지던 교육에서 비롯되었는데, 토쿠가와 막부 때에 발전해서 초등교육기관의 구실을 했다. 승려, 신관, 사무라이, 상인 등이 교사 노릇을 했다.

●

19세기 중반에 잇슨지 하나사토(一寸子花里)가 그린 우키요에. 테라코야의 풍경이 생생하게 묘사되어 있다.

것은 의심의 여지가 없는 진실이다. 그런데 토쿠가와 막부가 백성들에게 아낌없이 준 훈육의 본질이 무엇인지 검토해본다면, 이에야스와 그 직계 후계자들이 결국 그들의 계산이나 계획에서 그다지 벗어나지 않았다는 것을 우리는 알게 될 것이다.

갖가지 지식들은 모두 흥미로운 것이지만 몇몇 학습 과목은 무지를 조장하기도 하는데, 토쿠가와의 학숙들에서 유일한 교육과정을 이루고 있던 불교와 유교의 과목들이 그러했다. 탑들이 점점이 흩어져 있는 경치를 본다든지 사방의 언덕에서 울리는 절의 종소리들을 듣는다든지 하는 사람들, 또는 여러 번(藩)들의 대강당이나 토쿠가와의 모든 촌락들에서 경전을 암송하는 소리들을 기억하는 사람들에게는 불교와 유교가 왕정복고에서는 아주 작은 역할밖에 하지 못했다는 사실이 분명 이상하게 여겨질 것이다. 사실상 불교와 유교의 가르침들은 결코 국가의 문제들에 간섭하지 않았고, 그 감화는 오로지 복종과 평화 애호의 관념을 강요하는 방향으로만 작용했다.

이에야스가 의심병자였다거나 도덕과 종교를 오로지 그 자신의 목적을 추진하기 위한 수단으로만 이용했다고 비난하는 그 적들에게 우리는 동의하지 않는다. 이에야스는 크롬웰[2]과 리슐리외[3]

---

2 올리버 크롬웰(Oliver Cromwell, 1599~1658) : 영국의 정치가이자 군인. 청교도 혁명이 일어나자 혁명군을 지휘해 왕당파를 격파하고 찰스 1세를 처형해서 공화제를 수립했다. 항해 조례를 공표함으로써 영국의 해상권을 확보하기도 했는데, 엄격한 청교도주의에 의한 독재 정치를 단행했다.

3 리슐리외(Richelieu, 1585~1642) : 프랑스의 정치가. 루이 13세 때의 재상으로, 대외적으로 30년 전쟁에 간섭하고 식민 정책을 진행시켜 프랑스 절대주의의 기초

의 특성들을 많이 겸비했던 위대한 정치가였다. 그는 신중했고, 국민에게 최상의 이익이 된다고 생각한 자신의 판단에 따라 행동했다. 그의 인간성을 잘 보여주는 다음의 사례들은 그에게 향한 무자비하다는 비난을 충분히 반박해준다. 그는 자신이 참가한 전투에서 적이 화살대를 느슨하게 한 화살을 사용해 그 화살촉이 상처에 박힌 채 남아서 치명적이면서도 좀체 죽지 못하게 만든다는 사실을 알아채고는, 자신의 군사들에게 화살촉을 단단히 매어 안전하게 하고 또 화살대까지 칠을 하라고 명령을 내렸다. 종종 '늙은 너구리'라는 별명으로 불렸던 그는 불교와 유교의 가르침이 의미하는 바를 아주 잘 알고 있었으며, 그의 기민함과 인간에 대한 이해는 당시의 동양철학이 자신의 정치 체계를 촉진하는 것과 관계가 있음을 확실히 인식하게 해주었다.

불교는 국가에 결코 위협이 되지 않았다. 이에 대한 이유는 사회적 질서와 초사회적 질서의 대립이라는 동양적 개념 속 깊은 데에 있다. 그 대비에 의해서 속인의 윤리적인 생활은 떠도는 은둔자의 종교적 삶과 뚜렷이 구별되는데, 이 두 입장은 반드시 상반되는 것은 아니지만 대비가 되는 것은 분명하다. 조화시켜야 할 의무들과 그 사이사이에 끼어 있는 직무들에서 대단한 장점을 가지고 있는 동양 사회는 상호 의존에 기초하고 있고, 그래서 기껏해야 '공동체의 도덕적 속박'이라는 인습주의로 귀결될 수 있을 뿐이다. 반면

를 쌓았다.

에 종교는 진정한 해방의 수단을 제공해주고, 개인주의의 절정에 이르게 해준다. 이상적인 승려는 자유의 아들이어서 현세에서는 죽어야 하지만 천상에 다시 태어난다. 그는 진흙탕 위에서 순결한 자태로 피어나는 연꽃과 같다. 그는 자신이 명상하던 숲과 같이 고요하고, 승복을 펄럭이는 바람처럼 아무것에도 얽매이지 않는다. 그에게는 차별적인 신분도 나라도 없다. 왕좌가 전복되고 백성들이 노예가 된다고 한들 어떠랴. 적멸의 위대한 스승인 붓다도 자신의 왕족들이 전멸하는 광경을 아주 또렷한 눈으로 지켜보지 않았던가?

전통과 윤리의 세계인 사회는 자유의 세계를 존경의 눈으로 바라보았고, 또 영적(靈的)인 일꾼들이 전인미답의 영역을 지나 광명을 향해 여행하면서 그때마다 학파와 종파 등의 경계선을 뒤에 남기는 그 눈부신 성취들을 경이의 눈으로 지켜보았다. 중국의 관리들은 궁궐같이 호사스런 곳 안에서 대숲을 꿈꾸었고, 솔숲이 우거진 언덕이 부르는 소리에 길게 탄식했다. 인도나 일본의 가장(家長)이 지닌 최상의 바람은 온갖 세상사를 자신의 자녀들에게 맡기는 나이가 되었을 때 [인도에서는] 바나프라스타(Banaprasta), [일본에서는] 인쿄(隱居)라 불리는 은둔자의 지고한 삶을 배우는 일이었다. 그리하여 모든 이들에게 개방된 특권인 승복을 걸친 그는 세상의 인습으로부터 해방되는 길을 찾아냈다. 우리 일본의 예술가들이 삭발하고 승려처럼 옷차림을 한 것은 사회적 속박으로부터 벗

●
일본 다도(茶道)의 완성자로 일컬어지는 센노 리큐우(千利休, 1522~1591)의 초상. 그는 반은 속인이고 반은 승려였는데, 그 이후의 다인(茶人)들도 대개 그러했다.

어나기 위해서였다.[4]

그러나 세간(世間)과 출세간(出世間) 두 세계는 결코 충돌하지 않았으니, 그것은 서로 짝이 되는 존재였기 때문이다. 인도 사회에서는 브라만(Brahman)의 이상(理想)에 대해 필연적으로 존재해야 할 균형추로서 슈라마나[5]의 이상이 있다. 한편, 중국에서는 도교와 유교가 그와 똑같은 형세를 이루고 있다. 인도를 종교의 박물관으로 만들고 또 중국으로 하여금 그 정치 체제에 방해가 되지 않는 한 불교, 배화교(拜火教), 경교(景教), 이슬람교, 근대의 기독교 등 외래의 신앙을 기꺼이 받아들이게 만든 관용의 비밀은 바로 여기에 있다. 이런 이중의 발전이 존재했다는 사실은 일본의 근대 정치가들이 종교 문제에 대해 보여주는 자유주의적 태도와 명백히 무관심한 태도—만약 불가지론이 아니라면 유럽의 국가정책에 대한 그릇된 관념으로 종종 해석되는 그런 태도를 또한 어느 정도 설명해준다. 정치 생활을 종교 생활과 구획 짓는 일, 국가와 종교를 분리하는 일이 우리에게는 새로운 관념이 아니다.[6] 실제로 우리에게는 허다한 신사(神社)와 사찰들이 있음에도 교회는 없다.

---

4 에도 시대에 일본의 예술가들은 승려와 같이 삭발하고 승복을 입고 생활했으니, 말하자면 반승반속(半僧半俗)의 모습을 하고 있었다. 다도(茶道)를 하던 다인(茶人)들이 특히 그러했다.

5 슈라마나(Shramana) : 인도의 금욕주의 전통 속에서 떠돌아다니는 승려. 자이나교나 불교의 승려들이 여기에 속한다. 반면, 브라만은 힌두교의 성직 계급이다.

6 이 또한 착각이다. 메이지유신 이후 일본의 종교는 국가주의와 결탁하는 모습을 보여주었다. 신토는 물론이고 불교까지 그러했다.

교회가 없는 일본

불교도들의 이상인 선천적인 개인주의는, 허다한 국민들에게 관심의 원천이 되고 있는 가톨릭 교회의 그것과는 달리, 국가에 영향력을 행사할 수 있는 단 하나의 강력한 조직이 형성되는 것을 늘 막아왔다. 승려들 가운데 어떤 이들이 휘두른 세속 권력은 다만 봉건시대 이전의 왕정(王政) 때에 천황 또는 그 조신(朝臣)들에게 끼친 그들의 개인적인 감화력에 기인하는 것일 뿐이었다. 그 권력은 신성한 존재의 발아래에 헌납된 일종의 세속적 공물이었고, 순수하게 개인적 관계에서 비롯된 일시적인 결과였다. 하나의 집단이나 종파로서 승직(僧職)이 통치 권력을 보유하려는 시도는 드물었다. 게다가 사회적 의식은 승직이 그 자체 특정한 직능으로 여겨질 수 있도록 언제나 다시 열렬히 요구했다. 어떤 군주가 그 자신의 영적인 열정에 도취되는 일이 있을지라도 그 왕조는 변함없이 그 균형을 회복했다. 카마쿠라 막부가 들어서자, 쿄오토 궁정의 귀의에 뿌리를 두고 있던 불교의 세력은 쇠잔해졌다. 이때 초개인주의적인 선종(禪宗)이 사상을 주도하는 종파가 되었는데, 정치적 야심과 관련된 어떠한 요구도 하지 않았다. 이어진 혼란기 동안에 사원들에 인접해 있던 호족들이 약탈적 공격을 감행함으로써 무장한 승려 조직이 확립되었다.[7] 이들 승병(僧

7 승병은 처음에 교단의 사회적 권위를 침해하는 사무라이들의 행동이나 교단 내

●
오다 노부나가와 동맹을 맺으면서 세력을 유지한 것으로 유명한
코오후쿠지(興福寺)의 승병을 묘사한 그림

兵)들이 성스러운 곳을 지켰다. 그리고 아시카가 시대[8]의 전쟁들에서는 단독으로 또는 여러 다이묘오들과 제휴하여 두각을 나타냈는데, 자신들이 입은 자비의 옷 아래에 피로 얼룩진 갑옷을 간신히 숨긴 채로 종종 전쟁의 최선봉에 섰다. 그러나 이에야스의 시대가 되자 승병은 거의 자취를 감추었다.[9] 당시에 몇몇 사무라이들의 지지자임을 여전히 자부하고 있던 최후의 종파인 혼간지(本願寺)[10]도 쉽게 쇼오군의 권위에 복종해버렸다.

불교에 대한 이에야스의 정책은 정치적 능력에 대한 동양의 근본적인 관념을 특징적으로 보여준다. 그 자신이 유자(儒者)였던 이에야스는 당시의 위대한 승려 세 명을 가장 친한 벗으로 두고 있었

부의 신분적 대립으로 말미암아 비롯되었다. 그러나 광대한 장원을 소유한 대사원들의 경제력과 불입권(不入權, 세속 권력의 간섭을 받지 않을 권리)을 기초로 하여 사회적·정치적으로 세속의 쿠게(公家)와 부케(武家)에 대응할 만한 하나의 독립된 힘을 갖게 되었다.

8 아시카가 시대(足利時代) : 흔히 '무로마치 시대(室町時代)'라고도 말한다. 아시카가 가문의 쇼오군들이 존속하던 시기(1336~1573)를 가리키는데, 그 전기는 난보쿠쵸오 시대(南北朝時代)라 불리는 전국적인 내란이 일어났던 시기이고, 후기는 센코쿠 시대(戰國時代)라 불린 전란의 시기였다.

9 일본의 승병은 헤이안 시대부터 엔랴쿠지(延曆寺)·온죠오지(園城寺)·코오후쿠지(興福寺)·토오다이지(東大寺) 등 대규모 사찰에서 나타나 세력을 키웠다. 서로 다른 사찰의 승병들과 다투기도 하고 조정의 군대와 싸우기도 하면서 17세기까지 이어졌다. 특히 15세기 말에서 16세기 말까지 이어진 센코쿠 시대 동안에는 무수히 많은 승병 집단이 나타나 다이묘오들과 손잡고 전투에 참여했다. 이렇게 일본의 승병은 외침으로 말미암아 국가와 인민이 위기에 처했을 때 잠시 나타난 조선의 승병과 전혀 달랐고, 거의 조폭 집단과 흡사했다.

10 신란(親鸞, 1173~1262)의 교설에서 출발한 정토진종(淨土眞宗)의 본산으로, 쿄오토시의 시모교오구(下京區)에 있다.

다. 만약 제수이트파의 움직임이 정치적 위협이 되지 않았다면, 아마도 그는 기독교까지 묵인했을 것이다. 그는 사원들의 특권을 보장해주었고, 그들의 세입을 회복시켜주면서 또 보증해주었으며, 종교적 저술들의 출판을 위한 자금도 대주었다. 그는 사원의 관할권까지 강화해주었고, 승단의 계율을 어긴 자들은 모두 형벌과 유배로써 처벌했다. 그러나 동시에 승려들이 정치에 관여하는 것을 금지했다. 조선과 외교적 교섭을 할 때 승려들을 기용하는 관례를 폐지했고, 세속의 관리를 임명해 성직(聖職)과 관련된 모든 사무를 제어하게 했다. 불교의 세력은 쇠퇴하기 시작했다. 승려들에게 주어진 보호와 그들이 누리던 문화적 안락 아래에서 사원들은 대학교가 되었고, 그 거주자들은 청정함보다는 학식으로 더 유명해졌다. 그 시대에 생겨난 단 하나의 새로운 종파도,[11] 질서와 엄중한 체제의 시대에 널리 논의되던 주제 즉 규율에 있어서만 다른 종파들과 달랐을 뿐이다.

11 1654년에 명(明)에서 건너온 은원 융기(隱元隆琦, 1592~1673) 선사로부터 시작된 오오바쿠슈(黃檗宗, 한국어로는 황벽종)를 가리키는 듯하다. 오오바쿠슈는 중국 당나라 때 선승인 황벽 희운(黃檗希運)의 이름을 빌려서 연 선종의 일파로, 1663년에 쿄오토 우지시(宇治市)에 있는 만푸쿠지(萬福寺)에서 계단(戒壇)을 열어 계율을 줌으로써 시작되었다.

신유학

불교처럼 유교도 후기의 발달[12]에서 도교와 불교의 이상을 흡수하면서 출세간적으로 되어 정치에 무관심해졌다.[13] 중국에서는 당 왕조 말기부터 그 이전에 순수하게 도덕적이었던 것과는 달리 종교화되는 경향이 있었다. 일본에서는 이런 경향이 훨씬 더 뚜렷해졌는데, 왜냐하면 봉건시대 동안에 모든 학문을 불교도들이 담당했고 그래서 토쿠가와 학숙들의 초기 교사들은 대부분 세속의 가르침을 펴기 위해서 환속하도록 권유받은 승려들이었기 때문이다. 그들은 오래도록 승복을 버리지 않았고, 다른 사무라이들처럼 칼을 차기 시작한 뒤로도 삭발하는 일이 예사였다. 그들은 모두 송 왕조의 신유학자인 주희(朱熹, 1130~1200)의 학파를 신봉하는 자들로서, 그들이 전한 가르침들은 그들의 의복과 잘 어울렸다. 예술과 문학 양쪽에서 창조적 노력이 넘쳐났던 저 주목할 만한 '계몽' 시대의 산물인 신유학은 도가와 불교, 유교의 사상을 통합하는 것을 목표로 했고, 아시아적 의식 전체를 반영하려는 눈부신 노력의 결과를 또렷하게 남겼다. 그 주창자들은 중국이나 인도의 사상과 정신적으로 얼마나 밀접했는지에 따라서 유교 경전을 해석하는 것이 달

---

12 송대의 신유학을 가리킨다.

13 이는 저자가 신유학에 대해 오해한 것이다. 신유학은 정치에 무관심했던 것이 아니다. 실제적인 통치술보다 형이상학이나 도덕론, 수양론 등을 체계화하는 데에 더 관심을 가졌으나, 이를 현실 정치에 적용하려고 했다.

●

일본 근세유학의 개조로 불리는 후지와라 세이카(藤原惺窩, 1561~1619) 초상. 그는 임진왜란 때 포로로 잡혀간 조선의 선비 강항(姜杭)과 교류했으며, 양명학도 아울렀다.

랐다. 그들 가운데 어떤 이들은 "사도(邪道)로 빠진 선(禪)"이라 불리었는데,[14] 그것은 신브라만교도(Neo-Brahmanist)인 상카라차리야가 '변장한 불교도'라고 비난을 받았던 것과 똑같은 의미였다.[15]

그런데 주희는 중국 현자들의 교의에 대해 더 크게 기울어짐으로써 신유학의 중심인물로 인식되었다. 공자의 저작에 대한 그의 주석서들은 명 왕조의 영락제(永樂帝, 1402~1424 재위)에 의해서 공식적인 교과서가 되었고, 그의 학파는 이에야스에 의해서 정통파로서 받아들여졌다.[16] 신유학의 일반적인 추세는 주희가 했던 것과 동일하게 추상적이고 사색적인 경향이 다분했다. 그 결과, 신유학을 신봉하는 자들은 불교도들과 아주 조금밖에는 다르지 않았고, 자기집중을 심성 도야의 주요한 부분으로 삼았다. 형식주의적 본능을 지녔던 명대의 학자들은 주희의 교학을 독단적 교설로 만들었으며, 도덕론과 용어법(用語法)에 대한 그의 추상적인 법칙에 집중하면서 정력을 낭비했다. 일본의 학자들도 이러한 전례를 본받았다. 이로 말미암아 유교는 실천적 윤리라는 바로 그 요체를 잃어버렸다. "학자처럼 우매하다"는 말은 토쿠가와 시대의 익살이었다. 이단적인 두 학파가 그 흐름을 저지하고 유교의 교리에 활력을

14 심즉리(心卽理)를 주장한 양명학(陽明學)이 이런 비판을 받았다.

15 신유학 전체가 '유교의 옷을 입은 불교'로 간주되기도 한다.

16 일본에 신유학이 전해진 것은 임진왜란 때 포로로 잡혀갔던 강항(姜沆)을 통해서라는 사실은 널리 알려져 있다.

●
미토번(水戶藩)의 코오도오칸(弘道館)의 정청(正廳). 1841년에 설립되었으며, 에도 시대 한코오(藩校) 가운데 가장 컸다고 한다.

불어넣으려고 시도했지만,[17] 덜 중요한 소수자의 지위만 얻었다. 왜냐하면 토쿠가와의 검열 제도가 모든 학파들을 가혹하게 억눌렀으므로 그 학파들은 막부 직할의 학숙들에서 가르치는 공인된 교의에 맞서 감히 다른 주장을 펼 수가 없었다.[18]

따라서 이에야스가 온 국민에게 주입한 지식은 결국 사회 활동에 별다른 자극을 줄 수 없는 그런 것이었다. 이에야스의 교육 조직은 쿄오토 궁정이나 다이묘오들의 세력을 견제하기 위한 군사적 예방책들처럼 전제주의를 유지하기 위한 책략의 한 부분을 이루는 것이었다. 그럼에도 그가 개시한 학문의 권장은 근대 일본의 성격을 형성하는 데 있어 대단히 중요한 역할을 했다고 말하는 것이 공평하다. 불교와 신유학(그 본질에서는 참으로 불교다)은 국민들에게 명상적 성향을 심어주어 위급한 경우에도 고요한 마음으로 맞설 수 있게 해주었다. 그가 진보의 한 시대를 열지 않았다고 하더라도, 적어도 안정은 가르쳤다. 만약 이런 일이 없었다면, 왕정복고의 격심한 혼란은 서구 사상의 격렬한 쇄도와 함께 일본을

17 두 학파는 오규우 소라이(荻生徂徠)의 소라이학(徂徠學), 그리고 외래 문화 중심의 학문을 비판하고 일본의 어학·문학·사상 등에 대한 통괄적인 이해를 추구한 국수주의적 학문인 코쿠가쿠(國學) 또는 코가쿠(古學)를 가리킨다. 4장에서 저자가 구체적으로 거론하고 있다.

18 막부 직할의 학숙들과 달리 각 번에서는 독자적인 학교를 설립해서 번에 봉사하던 사무라이와 구성원의 자제들을 교육시켰다. 그 학교를 한코오(藩校)라 한다. 한코오에서는 사서오경(四書五經)과 무예를 가르쳤는데, 나중에는 난학(蘭學)도 가르쳤다.

저 오래된 정박지에서 폭풍이 휘몰아치는 미지의 바다로 휩쓸고 가버렸을 것이다.

아시아는 무엇보다도 대단히 정신적이다. 그러나 정신적인 사람은 허명이나 외형을 중시하는 자가 아니다. 그는 온다, 어디서 오는지 우리는 알지 못하지만. 그리고는 사라진다, 미지의 땅에서 신비한 탐험을 하려고 나타났던 로엔그린[19]처럼. 참된 정신은 사원의 호사나 학숙의 안일함 따위는 내버리고, 고독한 로오닌(浪人) 같은 학자의 가슴 속에 거친 자리 하나를 마련한다. 천상을 한 번이라도 흘낏 보려고 갈망하는 저 눈 덮인 수선화처럼 그 고요한 영혼은 억누를 수 없는 봄의 예언을 감내하고 있다.

---

19 로엔그린(Lohengrin) : 북유럽의 민담인 <일곱 마리 백조>와 연관이 있어서 '백조의 기사'라고도 한다. 로엔그린이라는 신비한 기사가 백조가 이끄는 배를 타고 와서 곤경에 빠진 귀족 처녀를 돕고 이 처녀와 혼인을 하는데, 처녀에게 자신이 어디서 왔는지는 묻지 말아달라고 부탁한다. 그러나 처녀는 이 약속을 잊고서 묻게 되고, 그러자 그는 그녀를 떠나서 다시 돌아오지 않았다는 이야기다.

4장

내면의 목소리

4장 내면의 목소리

일본의 갱생을 위해 결속한 세 학파

서구인들이 마법의 지팡이를 휘둘러서 우리를 수백 년의 잠에서 갑자기 깨어나게 했다는 것이 외국인들의 일반적인 생각인 것 같다. 그러나 우리가 각성하게 된 진정한 원인은 우리 안에서 나왔다. 우리의 국민적 의식은 1853년에 해군 제독 페리(Perry)가 우리 해안에 이르렀을 때[1] 이미 꿈틀거리기 시작했다. 재국민화를 위한 보편적인 운동을 개시하기 위해서 다만 그 사건을 기다렸던 것뿐이다.

---

1 1853년에 미국의 페리가 이끄는 함선 네 척(증기선 두 척 포함)이 일본에 내항한 사건을 가리킨다. 이때 크게 놀란 일본인들은 그 함선들을 '검은 배'라는 뜻의 '쿠로후네(黑船)'라 불렀다.

세 가지 별개의 사상 학파들이 일본을 갱생시키기 위해서 결속했다. 첫 번째 학파는 일본으로 하여금 규명해야 할 일을, 두 번째 학파는 실행해야 할 일을, 세 번째 학파는 무엇을 위해 실행해야 하는지를 가르쳤다. 최초에는 모두 작은 흐름들이었고, 그 원천은 독립적인 사상가들의 고독한 영혼들 안에 있었다. 이들 사상가들은 늘 가혹한 비난을 받으면서 그 흐름들을 키웠고, 추방된 적도 자주 있었다. 그 흐름들은 뇌옥의 벽 안에서 흘러나오기도 했고, 처형대에서 뚝뚝 떨어지기도 했다. 이 흐름들은 인습주의라는 무성한 초목 아래에 거의 감추어져 있다가 마침내 합쳐져서는 애국적 열정이라는 홍수가 되어서 온 국민에게 쇄도하며 비약할 시기를 맞이했다.

첫 번째 코가쿠 또는 고전학파

코가쿠(古學, 고전학파)[2]로 알려진 첫 번째 학파는 관학(官學)의 독단적 교의에 항의해서 17세기 말에 일어난 것이다. 그 주창자들은 관학에서 가르친 주희의 신유학이 실제로는 유학이 아니라 불교와 도교를 새롭게 해석한 형태라고 주장했다. 그들은 학자들이

2 '고전학파'라고 할 수는 있으나, '코가쿠'라 부르는 것은 부적절하다. 저자가 설명한 학파는 오늘날 '소라이학'으로 불린다. 뒤에서 저자가 설명하는 세 번째 학파인 '역사학파'가 바로 코가쿠에 해당한다.

성현들의 텍스트에 내재한 본래 문맥으로 되돌아가 거기에서 참된 의미를 새로 찾아내도록 권유했다. 주희의 해석이 정통이라고 간주되어 그 권위가 11세기 송대의 계몽시대 이래로 중국과 일본에서 의심의 여지가 없는 것으로 남아 있었음을 생각해보면,[3] 그러한 주장은 아주 대담한 저항이었다. 이 학파는 처음으로 토쿠가와 시대의 심성을 형식주의의 족쇄로부터 해방시켰다. 비록 그 자유주의가 어떤 특정한 결과를 이끌어내지는 못했지만 말이다.

무언가를 규명하려는 바로 그 태도가 이 학파로 하여금 유교의 그 어떤 단일한 해법으로도 결정화되지 못하게 방해했다. 소라이(徂徠)[4]와 같은 지지자들 가운데 몇몇은, 공자는 순수하게 정치 철학자였지 도덕 교사는 아니었다고 주장하는 데까지 나아갔다. 반면, 사무라이의 법도는 유교의 기초 위에서 발달했다고 하는 야마가 소코오[5] 같은 이들은 일본의 제도 안에 중국 성현이 마련한 도덕

---

3 이는 오카쿠라의 착오이거나 왜곡이다. 일본에 신유학은 강항을 통해 16세기 말에 전해졌고, 강항에게서 배운 후지와라 세이카(藤原惺窩, 1561~1619)가 일본 주자학의 개종으로 대접받았기 때문이다.

4 오규우 소라이(荻生徂徠, 1666~1728)를 가리킨다. 에도 중기의 유학자로, 코분지가쿠파(古文辭學派)의 개조다. 이 학파는 중국 명대의 고문사학(古文辭學)의 방법론을 육경(六經) 해석에 응용하여 공자의 본뜻을 바르게 이해하고자 하는 입장을 취한다. 소라이는 도(道)란 성인이 치국을 위해서 제작한 예악형정(禮樂刑政)의 총칭이라고 하면서 보편적인 이(理)에 입각한 주자학을 비판했다.

5 야마가 소코오(山鹿素行, 1622~1685) : 에도 중기의 유학자이자 병학자(兵學者). 주자학을 비판하고 고대 성현들에게 돌아가자고 주장했다. 일본의 고전과 신토(神道)에도 정통했으며, 『츄우쵸오지지츠(中朝事實)』 등에서 일본중화주의(日本中華主義)를 역설했다.

법칙이 표현되어 있음을 찾아냈다. 그런데 그 결론에서는 각 개인들마다 달랐지만, 정통파였던 토쿠가와의 관념에 대해 이단적이었다는 점에서는 일치했다. 그들은 모두 정부의 입장에서 불승인의 대상이었다. 이를테면, 꽤 많은 문하생들을 거느리고 있던 야마가 소코오는 에도(江戶)에서 멀리 아코오(赤穗)라는 미약한 번(藩)[6]으로 추방되었다. 그런데 그렇게 유배되어 있던 동안에도 그의 인격은 저 유명한 47인의 로오닌(浪人)들을 고무시켜서 저 기억할 만한 충의(忠義)의 위업[7]을 꾀하게 만들었으니, 이는 무사도의 새로운 이상을 보여줄 뿐만 아니라 토쿠가와 체제에 대한 그의 침묵의 항의를 생생하게 웅변한 것으로도 주목할 만한 일이었다.

두 번째 양명학파

첫 번째 학파와 거의 동시에 시작한 두 번째 학파는 양명학(陽明學)의 창시자인 왕양명(王陽明)의 이름을 일본식으로 발음한 '오오요오메이학파'라 불린다. 이 저명한 인물은 16세기 초에 명조(明朝) 아래의 중국에서 살았던 위대한 장수이자 학자였다. 그는 남중

6 하리마(播磨)의 아코오군(赤穗郡)에 있었던 번

7 1702년 12월 14일에 있었던 아코오번의 로오닌들이 주군을 위해 복수한 사건으로, 흔히 '아코오 사건'으로 불린다. 이를 작품화한 것이 일본의 살아 있는 고전이요 국민문학인 『츄신구라(忠臣藏)』다.

●
아코오성(赤穗城)에 있는 야마가 소코오의 흉상

국에서 반도(叛徒)들을 제압해 혁혁한 승리를 거두었는데, 그 전쟁을 하는 동안에도 학문적 강론을 멈추지 않았다. 그의 철학은 주희의 신유학에서 진일보한 것임에도 그 대체에서는 주희의 학설을 받아들였다. 그의 주요한 공헌은 지식에 대해 내린 정의에 있다. 그에 따르면, 어떠한 지식도 행동으로 표현되지 않는다면 쓸모가 없다. 안다는 것은 존재하는 것이었다. 덕(德)은 행위로 분명하게 드러나는 그만큼만 참이었다. 온 우주는 발전의 더 높은 영역으로 끊임없이 솟구쳐 오르면서 만물을 그 눈부신 진보에 참여하도록 불러내는 것이었다. 그런 가르침들을 깨닫기 위해서는 성현들이 살았던 그 삶을 살면서 자신의 온 정력을 인류를 위한 봉사에 바칠 필요가 있었다. 그리하여 그는 유교를 그 참된 영역, 곧 실천 윤리의 영역으로 다시 데려왔다.

왕양명의 학설은 중국에서는 일시적으로만 영향을 끼쳤던 것으로 보이는데, 일본에서는 일본인들의 마음을 독특한 매력으로 사로잡았고, 나중에는 왕정복고의 달성에 있어 주요하게 작용한 유인(誘因)들 가운데 하나를 제공했다. 일본에서 이 학파의 선각자들 가운데 한 사람[8]은 비와호(琵琶湖) 주변 지역에서 도덕적인 생활

8 신분의 상하를 넘어선 평등을 주장함으로써 사무라이들과 상공인들에게 커다란 영향을 끼쳐 '근대 성인(近代聖人)'으로 불리었던 나카에 토오쥬(中江藤樹, 1608~1648)를 가리킨다. 그는 처음에는 주자학을 배웠는데, 만년에 『양명전집(陽明全集)』에 몰두하면서 양명학으로 전환하여 일본 양명학의 개조가 되었다. 그러나 양명학 본래의 실천성을 결여한 매우 특이한 일본적 양명학이었다.

●
나카에 토유쥬(위)와 쿠마자와 반잔(아래)

로 강렬한 인상을 남겨 지금도 '살아 있는 공자'로 기억되고 있다. 백성들의 물질적 행복을 위해 자신을 바친 또 다른 사람[9]은 왕양명으로부터 영감을 받은 열정으로 오카야마현(岡山縣)에서 관개(灌漑)를 위한 토목공사를 해냄으로써 그 기념물을 남겼다. 그럼에도 그는 이단으로 몰려서 고통을 받아야 했고, 결국에는 유배되어 치욕 속에서 죽었다.

일본의 양명학자들은 우주의 기운에 대한 그 역동적인 관념에서 중국보다 더 멀리 나아갔다. 인도적 사유방식에 대한 그들의 편애, 특히 불교의 선종(禪宗)에 대한 편애는 그들로 하여금 변화의 관념을 대단히 강조하게 만들었는데, 그 결과 흥미롭게도 근대의 진화론자들이 견지하는 것과 유사한 결론에 이르렀다. 과거의 붓다들은 미래의 붓다들이 아니었다. 왜냐하면 그들은 이전의 것과 그 이상의 것을 포괄해야만 했기 때문이다. 모든 새로운 삶은 과거의 파편들 위에서, 그리고 분해되는 무수한 세계의 어지러운 소음들 안에서 세워졌다. 재생은 다른 수준에서 이루어지는 자기실현이었다. 그 변화는 얼마나 장엄한가! 삶과 죽음으로 알려진 저 위대한 전환은 얼마나 아름다운가!

일본의 양명학자는 용(龍)의 형상을 떠올리기 좋아한다. 그대

---

9 쿠마자와 반잔(熊澤蕃山, 1619~1691)을 가리킨다. 에도 초기의 양명학자로, 나카에 토오쥬에게서 배웠다. 오카야마번(岡山藩)에서 영세한 농민을 구제하고, 치산(治山)과 치수(治水) 등의 토목사업으로 재해를 경감하며 농업정책을 충실하게 실시했다.

들은 용을 본 적이 있는가? 조심스럽게 다가가라. 왜냐하면 그 전신을 다 볼 수 있을 때까지 살아남을 자는 아무도 없기 때문이다. 동양의 용은 [서양이] 중세에 상상하던 그 무시무시한 괴물이 아니라 힘과 선의 수호신이다. 그것은 변화의 정신이고, 그래서 생명 그 자체인 정신이다. 용이라고 하면 지고한 권력 또는 모든 것에 두루 미치는 저 군주의 대의(大義)를 연상하는 것은 그것이 주위에 무엇이 있는가에 따라서 새로운 형태를 취하면서도 결코 최종적인 형상을 보여준 적이 없기 때문이다. 용은 그 자체로 거대한 신비다. 접근하기 어려운 산악의 동굴에 숨어 있으면서 또는 깊이를 알 수 없는 바다의 심연에 똬리를 틀고 있으면서 천천히 깨어나 몸을 일으킬 시기를 기다리고 있다. 폭풍우를 동반한 구름이 몰려오면 그 속에서 날개를 펼치고, 비등하는 소용돌이의 암흑 속에서 갈기를 씻는다. 그 발톱은 번갯불의 갈래 속에 있고, 그 비늘들은 비에 씻긴 소나무의 껍질 속에서 반짝이기 시작한다. 태풍 속에서 들리는 그 소리는 숲의 시든 잎들을 흩뜨리고는 새로운 봄을 재촉한다. 용은 사라지기 위해서만 자신을 드러낸다. 그것은 지쳐버린 물체의 둔중한 덩어리를 떨어 없애는 저 유기체의 탄성(彈性)을 상징하는 장려한 이미지다. 제 힘으로 다시 또다시 똬리를 트는 용은 [물·불·흙·바람 등] 원소들의 전투 속에서 겉껍질을 떨어낸다. 번쩍번쩍 빛나는 그 비늘들의 미광(微光)에 의해서 한순간 그 자태를 반쯤 드러낸다. 턱 아래 비늘을 건드리기 전에는 공격하지 않는다. 그 소름 끼치는 존재를 희롱하는 자에게 화가 있을진저!

●
우키요에의 마지막 대가인 우타가와 쿠니요시(歌川國芳, 1798~1861)가 그린 바다 용(위)과 독일의 출판업자인 프리드리히 베르투크(Friedrich Bertuch, 1747~1822)가 1806년에 그린 용(아래)

용은 똑같다고 말해진 적이 결코 없다. 꽃이란 무엇인가? 생명이란 무엇인가? 왕양명의 학설에 따르면, 지식의 비결은 변화가 사물들에 씌우는 가면 뒤를 꿰뚫는 일이었다. 이른바 사실이나 형식은 그 아래에 참된 생명을 숨겨두고 있는 부수적인 것들에 지나지 않는다. 이에 대해 양명학자들은 '진짜 말'에 대한 도가의 우화로써 설명하기를 좋아한다. 이야기는 이렇다. 옛날에 중국의 어떤 왕이 세상에서 가장 좋은 말을 얻으려고 간절하게 바랐다. 그래서 왕은 말에 대해 모든 것을 알고 있던 백락(伯樂)에게 부탁해 널리 두루 찾아보게 했다. 오랜 뒤에 백락이 돌아와서는 어느 목초지에 있는 적갈색의 암말이 세상에 존재하는 말들 가운데 가장 완벽한 말이라고 복명했다. 그 즉시 왕은 신하 일행에게 재보를 가득 싣고 가서 그 말을 궁궐로 끌고 오게 했다. 그런데 신하들이 백락이 말해주었던 그곳에 이르러서 보니, 적갈색의 암말은 없고 검은 종마가 있었다. 그들은 이 말을 데리고 돌아왔는데, 이 말이 아름다움과 힘을 갖춘 말의 화신임이 밝혀졌다. 말의 진정한 감정가는 털색과 성별 따위의 2차적인 특징들 너머의 어떤 것에서 진짜 말을 뚜렷하게 볼 수 있었던 것이다. 모든 참된 지식에 있어서도 이와 같다고 양명학자들은 말했다.

정통파 학자들은 양명학파에 대해 자신들의 신유학을 곡해한다면서 이중으로 적대적인 태도를 보였다. 검열에 대한 양명학파의 공포는 학설 그 자체에 대한 공공연한 공격보다는 학설을 지지하는 자들에게 변덕스럽고 예기할 수 없는 방식으로 형벌을 가하는 일에 있었다.

그런데 상황이 이러했음에도 새로운 관념은 육성되었으니, 검열을 통한 방해가 비교적 약했던 멀리 떨어져 있던 번들에서 천천히 기반을 다졌다. 근대 일본의 위대한 정치가들을 모두 배출한 사츠마(薩摩)와 쵸오슈우(長州) 두 지방이 이 철학 학파의 주된 피난처였다는 사실은 매우 의미심장하다. 청일전쟁과 러일전쟁에서 명성을 떨친 장군들과 제독들 가운데 많은 이들이 젊었을 때 왕양명의 원리와 원칙 속에서 양성되었다. 그들이 위험 속에서도 평정을 유지하고, 계획의 수립에서 지략이 풍부해지며, 변경하라는 지령이 떨어질 때에도 기민하게 대응할 수 있었던 것은 바로 이것이다. 왕정복고의 들끓는 소요 속에서 일본이 이 용을 인식한 것은 양명철학의 확산에 주로 기인한다. 백락의 진짜 말처럼, 여러 세기가 누적되었음에도 낡은 일본의 정신은 여전히 뚜렷하다.

토쿠가와 정부가 양명학파의 학설에 내재한 혁명적인 특질로부터 일일이 두려움을 느꼈던 것은 그 학설을 신봉하는 자들이 의리(義理)에 대한 그들의 사상이 관계된 곳에서는 전혀 머뭇거리지 않았기 때문이었다. 1837년의 극심한 기근 동안에 오오사카의 마치부교오(町奉行)[10]가 몇 가지 부적절한 이유를 내세우며 백성들의

10 마치부교오(町奉行) : 상위자의 명령을 받들어서 공사나 행사를 집행하는 사람을 부교오(奉行)라 하는데, 토쿠가와 막부에서 주요 직할지에 두었던 부교오가 마치부교오다. 오늘날의 시장(市長)에 해당되며, 마치(町)의 행정·사법·치안·소방 등 시정 전반을 담당했다.

호구지책을 마련해주지 않으려 했을 때, 오오사카의 저명한 양명학자인 오오시오(大鹽)[11]는 자신의 모든 문도들과 함께 공개적으로 반란을 일으켰다. 그는 정부의 곡물 창고에 있던 것들을 아사 직전의 백성들에게 분배하는 동안에 이를 막지 못하도록 수비대에 불을 질러서 저지했다. 그런 뒤에 조용히 죽음을 맞았다. 그의 심적 태도는 그가 쓴 흥미로운 철학적 저술 속에서 잘 엿볼 수 있는데, 다음과 같다. "번개처럼 때리고, 천둥처럼 무섭게 하라. 그러나 하늘 그 자체는 저 위에서 언제나 맑다는 것을 잊지 말라."

오오시오 헤이하치로오의 난

11 오오시오 헤이하치로오(大鹽平八郎, 1793~1837)를 가리킨다. 자택에 세심동(洗心洞)이라는 사숙을 열어서 제자들을 길렀고, 1837년의 대기근 때에 자신의 구제책을 무시하고 마치부교오가 다량의 쌀을 에도에 보낸 데에 분노하여 반란을 일으켰다. 『세심동차기(洗心洞箚記)』 등의 저서를 남겼다.

고전학파의 이단화도 양명학파의 용기도 그 자체 내에서는 왕정복고로 이끄는 정치적 구상을 전개하지 못했다. 그것은 그들이 결국 유교 안에서 구별될 뿐이며, 유교는 그 사회의 도덕적 삶이 당국에 의해서 파괴되지 않는 한은 현존하는 당국에 복종하도록 되어 있었음을 뜻한다. 그래서 명대 학자들이 만주족들의 지배에 아무런 저항을 하지 않았던 것이다. 이와 똑같은 이유로 해서 토쿠가와의 유학자들도 우리의 정치 체제에서 변화를 일으키겠다는 것은 꿈조차 꾸지 않았다. 양명학파들은 행동하라고 가르쳤지만, 도대체 무엇을 위해 또는 누구를 위해 행동할 것인지는 가르치지 않았다. 이런 결함을 메우는 일이 '역사학파'의 사명이었다.

세 번째 역사학파

역사학파[12]는 이단이 아니었다. 그 때문에 검열관들이 거의 혐의를 두지 않았다. 오히려 반대로 토쿠가와 막부 자체가 그것을 장려했는데, 그것은 역사학파의 견해가 막부의 전통적인 정책과 일치했기 때문이다. 역사학파의 움직임은 토쿠가와 통치 초기에 천하를 지배하는 가문의 계보를 편찬하고 또 토쿠가와 가문 자체의

12 오늘날 '코가쿠(古學)' 또는 '코쿠가쿠(國學)'라 일컫는 학파를 저자는 역사학파라 부르고 있다. 이는 이 학파가 일본의 고전과 고대사를 재해석하는 데 주안점을 두었기 때문일 것이다.

신망을 드높이는 역사물들을 출판하면서 시작되었다. 토쿠가와 시대의 주요한 학자가 쓴 한 가지 중요한 역사는 그 저자가 천황의 혈통이 중국 성현들로부터 이어져 왔다는 것을 증명하려 애쓴 일인데,[13] 이는 유교의 고전주의에 극도의 굴종을 보여준 것으로서 아주 흥미로운 일이었다. 그런데 18세기 초에 순수한 연구의 빛이 문헌학에서 나타났다. 케이츄우[14] 아사리[15]가 이끌고 모토오리 노리나가[16]와 무라다 하루미[17]의 뛰어난 저술들에서 정점에 이른 이 운동은 우리[일본] 고대의 시가와 역사에 있어서 사상의 새로운 전망

13 하야시 라잔(林羅山, 1583~1657)이 쓰기 시작해 그의 두 아들과 여러 사람들의 노력으로 1670년에 완성된 『혼쵸오츠간(本朝通鑑)』과 관련된 일인 듯하다. 이 역사서에 "천황의 조상은 [중국 고대] 오(吳)의 태백(太伯)이다"라는 기술이 있었고, 이로 말미암아 후대에 논란이 벌어졌다.

14 케이츄우(契沖, 1640~1701) : 에도 전기의 승려이자 국학자. 진언종의 승려이면서 『만요오슈우(萬葉集)』를 연구했다. 토쿠가와 미츠쿠니(德川光圀)의 의뢰로 『만요오슈우』의 주석서인 『만요오다이쇼오키(萬葉代匠記)』를 지었다. 그 밖에도 많은 저서를 쓰면서 문헌실증적인 고전연구를 함으로써 일본 코쿠가쿠(國學)의 선구가 되었다.

15 아사리(阿闍梨) : 불교에서 제자를 가르치며 그 모범이 되는 승려

16 모토오리 노리나가(本居宣長, 1730~1801) : 에도 시대의 문헌학자이자 언어학자이며 의사로서, 일본의 국학을 집대성한 학자로 일컬어진다. 일본의 고대 역사서인 『코지키(古事記)』와 『니혼쇼키(日本書紀)』를 연구하고 주석서를 냈으며, 헤이안 시대의 장편 이야기인 『겐지모노가타리(源氏物語)』에서 '모노노아와레'라는 미적 개념을 끌어냈다. 이 밖에도 많은 저술을 남겨 후대에 커다란 영향을 끼쳤는데, 이것으로 일본의 학문과 역사인식은 더욱더 보편성에서 멀어졌다. 그 점은 이 책을 통해서도 확인된다.

17 무라다 하루미(村田春海, 1746~1811) : 에도 중기의 가인(歌人)이자 국학자. 카나즈카이(假名遣い, 말을 카나로 표기하는 법)에 뛰어났다. 『와가쿠대개(和學大概)』가 주요 저서다.

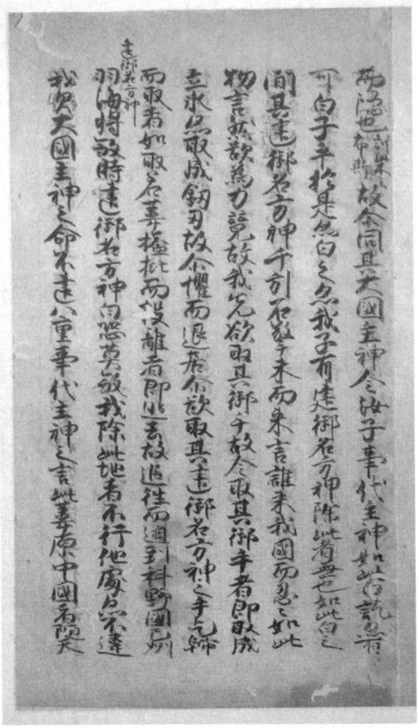

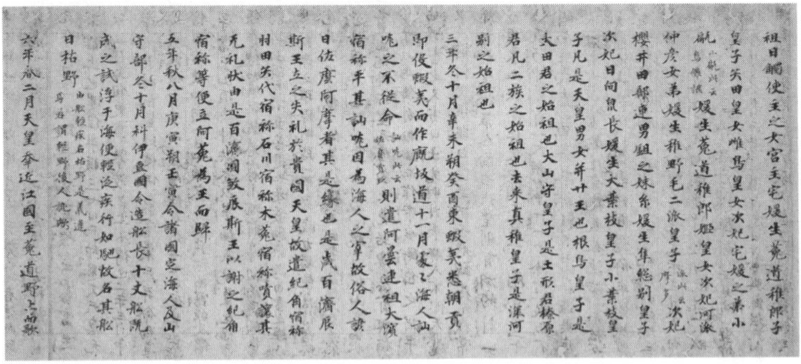

●

일본 코쿠가쿠의 사상적 원천이자 토대인 14세기 신푸쿠지본(眞福寺本)
『코지키(古事記)』(712년, 위)와 현존하는 가장 오래된 9세기의 타나카본(田中本)
『니혼쇼키(日本書紀)』(720년, 아래)

을 열어젖혔다. 이 세기[18세기]의 말이 되자 고고학 연구도 한층 진전되었는데, 토쿠가와 막부와 부유한 다이묘오들이 진기한 고문서들과 예술에 관한 백과사전적인 출판물 등을 수집하느라 서로 열띤 경쟁을 하면서 한편으로는 유명한 감식가들을 임명해 나라(奈良)나 쿄오토의 오래된 사찰들에 있는 보물들을 조사하고 기록하게 할 정도였다. 이러한 작업들은 과거 여러 세기 동안에 드리워져 있던 장막을 계속해서 걷어 올렸다. 이때는 참으로 일본의 문예부흥기였다.

역사학적 지식의 획득은 신토(神道)의 부활이라는 결과로 이어졌다.[18] 이 고대적 숭배의 순수성은 대륙적 영향이라는 파도가 계속해서 밀어닥치자 마침내 그 본래의 성격을 거의 완전히 잃어버렸다. 9세기에 신토는 그저 밀교(密敎)의 한 분파가 되어 그 신비적 상징주의에 만족했는데, 15세기 이후에는 그 정신에서 완전히 신유학이 되고 도가의 우주적 해석을 받아들였다. 그러다가 고대의 지식이 다시 일어나면서 신토는 이 외래적 요소들을 벗어던지게 되었다. 19세기 초에 조직화된 신토는 조상숭배의 종교, 즉 신대(神代)로부터 전해 내려온 원시적 청결(淸潔)에 대한 예배다. 그것은 일본 민족에게 있어 조상 대대로 내려온 이상 즉 소박함과 정직성, 천황 개인에게 부여된 조상 전래의 통치권에 대한 복종, 외국

18 훗코신토(復古神道)의 등장을 가리킨다. 이 신토의 형성에 큰 역할을 한 인물은 모토오리 노리나가로부터 계발된 히라타 아츠타네(平田篤胤, 1776~1843)다. 히라타의 학문을 계승한 이들이 나중에 메이지 시대에 신토의 국교화를 추진했다.

의 그 어떤 침략자도 발을 붙이지 못한 신성하고 거룩한 해안을 가진 조상 전래의 땅에 대한 헌신 등을 가르친다. 신토는 일본에게 중국과 인도의 이상을 향한 맹종으로부터 벗어나서 일본 자신에 의지하도록 요구했다.

역사적 정신은 문학과 미술 및 종교의 영역 전반을 휩쓸더니, 마침내 사무라이의 심성에까지 이르렀다. 그때까지 역사적 정신이 거둔 효과는 화려하기는 했지만 중요하지는 않았다. 그 표현은 학자적이었고, 따라서 그 범위가 제한되어 있었다. 이 새로운 전언의 민주주의화는 바로 앞 세기의 초기 저술가들의 저서들 속에서 발견되었다. 그들 가운데서 시인이자 역사가인 라이 산요오[19]는 제1의 지위를 차지한다. 과거의 풍부한 의미가 젊은 사무라이들과 로오닌들의 마음에 서광처럼 드리운 것은 바로 그의 명료한 글들로 말미암아서다. 천황가의 신성성은 잊히고 국화는 아시카가(足利)[20]의 오만함에서 일어난 잔인한 돌풍 앞에서 조락하는 동안에 황궁은 수리를 떠맡을 만한 충정을 가진 자도 전혀 없이 그대로 쇼오군가의 금빛 찬란한 천막 곁에서 천천히 황폐해져 가고 있었던 시절로, 그들의 기억은 거슬러 올라가며 여행했다. 슬프게도 그들은, 쓸

---

19 라이 산요오(賴山陽, 1780~1832) : 부케(武家)의 흥망사인 『니혼가이시(日本外史)』를 지었는데, 명분론적 사관과 웅혼한 필치로 막말(幕末)의 지사들이나 지식인들에게 애독되었으며 존왕양이 운동과 근황 사상에 큰 영향을 끼쳤다.

20 1336년부터 1573년까지 일본을 통치한 무로마치 막부(室町幕府)의 쇼오군 가문을 가리킨다.

●

일본 황가를 상징하는 국화 문양(위)과 일본
문화의 특성을 예리하게 분석하고 비평한 루스
베네딕트의 『국화와 칼』(1946) 초판본 표지(아래)

쓸한 두견새처럼 제 슬픈 노래를 달 없는 밤을 향해 쏟아내는 외로운 충신의 시들을 읊조렸다.

그들[젊은 사무라이들과 로오닌들]은 고다이고(後醍醐) 천황의 이야기, 곧 카마쿠라 쇼오군의 권력을 깨뜨리고 잠시나마 정당한 통치를 회복했던 일[21]에 뒤섞여 있는 자긍심과 비통함에 젖어들었다. 권력을 찬탈한 자들에 대항해 온 나라를 흥기시킨 그 불굴의 용기, 멀리 오키(隱岐) 섬으로 유배된 일, 고깃배를 타고 기적적으로 탈출한 일, 적들을 타도하고 거둔 승리, 벚꽃들이 상냥한 존경의 공물로 그의 능묘를 뒤덮을 때까지 그 궁정이 있었던 요시노산(吉野山)[22]의 행궁 등에 대해 생각했다.

그들 앞에는, 이미 전세가 기울었음을 알면서도 고다이고 천황을 위해 싸운 영웅 마사시게(正成)[23]의 수척한 모습이 떠올랐다. 그들은 찬탈자들과 싸우라는 천황의 소집령에 대해 어떻게 해서 그

21 31세에 천황의 지위에 오른 고다이고 천황은 친정(親政)을 부활하면서 쇄신을 꾀했다. 그리하여 1324년에 막부 타도를 위해 정변을 일으켰다. 1331년에 다시 막부 타도를 꾀했으나, 미연에 발각되어 일시 폐위되고 오키(隱岐)에 유배되었다. 그러나 1333년에 오키에서 탈출하여 막부 타도를 성공하고 복위했다. 이로 말미암아 카마쿠라 막부는 멸망했으나, 아시카가 가문이 새로 쇼오군가가 되어 무로마치 시대를 열었다.

22 요시노산은 나라(奈良)에 있는 산으로, 고대부터 벚꽃으로 유명했다.[원주]

23 쿠스노키 마사시게(楠木正成, ?~1336)를 가리킨다. 고다이고 천황의 정권 아래에서 이례적으로 승진을 거듭한 그는 1336년에 아시카가군(足利軍)과 싸우다가 전사했다. 후대에 미토번(水戶藩)에서 융성한 미토학에 의해 '충신'으로 추대되고 메이지 이후에는 수신 교육에서 중시되더니, 야스쿠니 신사의 창건에도 큰 영향을 주었다.

가 가장 먼저 대담하게 나섰는지, 천황의 권력을 일시적으로 회복시킨 유격전을 어떻게 계획하고 실행했는지, 어찌하여 공을 이루었음에도 아무런 보상을 요구하지 않았는지 등에 대해 읽었다. 마사시게 형제가 아시카가 군대와 벌인 최후의 격전에서 치명상을 입고서 달아났을 때, 마사시게는 아우[마사스에(正季)]에게 물었다. “너의 마지막 소원은 무엇이냐?” 아우가 재빨리 “다시 태어나서 천황 폐하를 위해 적들을 치고 싶습니다”라고 대답하자, 그 말을 듣던 마사시게는 빙그레 웃으면서 이렇게 말했다. “불교도들이 그런 소원은 죄라서 아수라 지옥으로 떨어지게 될 것이라고 가르치더라도, 나는 한 번이 아니라 일곱 번을 다시 태어나서 너와 똑같이 하고 싶다.” 그리고 마사시게 형제는 자신들의 칼로 서로 찌르며 죽었다. 천황이 마사시게의 아들 마사츠라(正行, ?~1348)에게 그들의

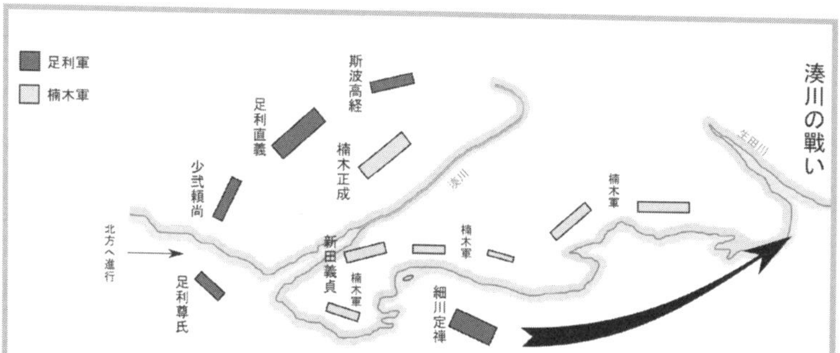

●

아시카가 군대와 고다이고 천황 쪽인 쿠스노키 마사시게 군대가 맞서 싸운 ‘미나토가와(湊川) 전투’의 부대 배치. 이 전투의 패배로 마사시게 형제는 자결했고, 고다이고 천황도 실각했다.

대를 이은 충성에 대한 보상으로 궁중 제일의 미인을 하사했을 때, 마사츠라가 자신의 삶은 죽음을 위한 것이지 사랑을 위한 것이 아니라고 주장하면서 자신을 깊이 연모했던 그 미인을 어떻게 거절했는지에 대해서도 그들은 읽었다.

사무라이들이 지난 시대들의 기억을 떠올리자마자 천자의 잃어버린 광휘가 섬광처럼 지나갔다. 그들은 천황이 승리를 위해 스스로 자신의 군대를 이끌고 있는 모습을 보았다. 사무라이들은 자기 조상들이, 천황 곁에서 죽어가는 처량한 기쁨을 노래한 오오토모(大伴)[24]의 전쟁 노래를 부르면서 칼로써 방패를 치는 소리를 들었다. 그들은 옥좌에 드리워진 그림자를 생각할 때면 울었다. 순례의 길을 떠난 사무라이들은 오래도록 버려진 채로 황폐해진 천황의 능묘들을 보고는 이끼로 덮인 돌계단을 눈물로 씻곤 했다. 이때, 토쿠가와가의 사람들 가운데서 누가 저들 사무라이들과 정통 군주 사이에 감히 서 있을 수 있었겠는가? 오, 죽으리라! 천황을 위해 죽으리라!

---

24 오오토모씨(大伴氏)는 일본 고대의 유력한 씨족으로, 그 가문에서는 많은 가인(歌人)들이 나왔다. 그들의 노래가 『만요오슈우』나 『코킨와카슈우(古今和歌集)』 등에 많이 수록되어 전한다. 여기서 말하는 전쟁 노래는 『만요오슈우』 권18에 수록되어 있는 오오토모노 야카모치(大伴家持, 718~785)의 <하육오국출금조서가(賀陸奥国出金詔書歌)>로 추정된다. 이를 바탕으로 1937년에 작곡된 노래가 <우미유카바(海行かば)>로서, 태평양전쟁 때 군사를 보내거나 옥쇄를 전할 때에 연주되었다. 이른바 군국주의를 상징하는 노래가 되었다. "바다에 가면 물에 담긴 주검들, 산에 가면 풀에 덮인 주검들. 주군 곁에서 죽게 해다오. 결코 뒤돌아보지 않으리"라는 가사다. 패전 뒤에 금지되었다.

역사적 정신은 이제 손에 칼을 들고 서 있었다. 그리고 그 칼은 무딘 것이 아니었다. 사무라이는 자신의 무기처럼 차가웠지만, 그것을 단조하던 불을 결코 잊지 않았다. 그의 격렬한 성미는 늘 자기의 명예로 말미암아 누그러졌다. 봉건시대에는 선(禪)이 사무라이에게 자제심을 가르쳤고, 정중함이 용기의 표지(標識)가 되게끔 했다. 토쿠가와 시대에는 유교가 저 의무감을 더 강화시켜 어떠한 장애물도 무시하게 만들었다. 그의 용기는 결코 의심받지 않았기 때문에 그는 무익한 위험을 자초하지 않았다. 그는 광신이라는 맹목적인 격정이 아니라, 자신에게 요구된 일이면 무엇이든 단호한 결심으로 설령 죽을지라도 당당하게 나아갔다. 그의 영혼을 관통하고 있는 이 역사적 정신이 그를 새로운 존재로 만들었다. 이전에는 직속 주군에게만 바쳤던 모든 헌신이 이제는 천황의 발아래에 바쳐졌다.

역사적 정신은 곧바로 다이묘오 계급 속으로 스며들었다. 먼저 그것은 사츠마와 쵸오슈우의 번주(藩主)들처럼 쇼오군에 대해 대대로 적의를 품고 있던 저 토자마 다이묘오들의 영혼 속으로 들어갔다. 그런 뒤에야 토쿠가와 가문의 다이묘오들, 특히 미토(水戶)의 영주와 에치젠(越前)의 번주들에게도 영향을 끼치기 시작했다. 신토(神道)와 양명학에 경사되어 있던 이런 여러 번들의 학자들은 메이지 왕정복고의 사도들이었다. 최후의 쇼오군으로서 정권을 천황에게 자발적으로 봉환(奉還)했던 케이키(慶喜)[25]가 미토의 다이묘오였다는 사실은 주목할 만하다.

꿈이 행동으로 옮겨져야 할 때가 눈앞에 다가왔다. 그러니 칼은 칼집의 고요한 안식처를 떠나 전광석화처럼 격렬하게 튀어나와야만 했다.

야릇한 속삭임들이 도시들에서 마을들로 퍼졌다. 연꽃은 흙탕물 위에서 전율했고, 별들은 동이 트기도 전에 희미해지기 시작했다. 다가오는 폭풍을 예고하는 거대한 침묵이 온 국민에게 엄습했다. 양명학은 널리 퍼졌고, 용은 태풍을 불러 일으켰다. 바로 이때, 서양이 우리의 수평선 위에 나타났다.[26]

---

25 토쿠가와 요시노부(德川慶喜, 1837~1913)를 가리킨다. 토쿠가와 막부의 15대 쇼오군으로, 1867년 10월 14일에 조정에 타이세이호오칸(大政奉還, 막부의 쇼오군이 쥐고 있던 권력을 천황에게 반환한 일)을 실행했다.

26 4장의 서두에서 언급했던, 1853년에 페리 제독이 이끈 함선들 즉 쿠로후네가 일본 해안에 나타난 일을 가리킨다.

5장 ● 백색 재앙

5장 ● 백색 재앙

순수한 축복이 아니었던 서양의 도래

극동의 국민들에게 서양의 도래는 결코 순수한 축복이 아니었다. 교역 증대의 이로움을 기꺼이 받아들이려던 그들은 외국의 제국주의에 희생이 되었고, 기독교 선교사들의 박애주의적 목적을 믿다가 군사적 침략의 사자(使者)들에게 굴복했다. 그들 국민들에게 지구는 평화로 가득해서 안도감을 느끼게 해주는 그런 곳이 더 이상 아니었다. 몇몇 유럽 국민들의 죄의식이 황색 재앙의 망령을 떠올린다면, 아시아의 고통받는 영혼이 백색 재앙의 현실에 비통해하지 않을 수도 있다.

오늘날 세계에서는 조직이 자기의 필요에 봉사하도록 사회를 하나의 거대한 기계로 만들어버렸다는 것을 순수한 승리의 감정으로 바라보는 일이 평범한 서구인의 마음에는 아주 당연하게 받아들여질 것이다. 이동력이 커지고 투기가 성행하는 현 시대를 연 것은 기계적 발명의 신속한 발전인데, 통상주의나 산업주의와 같은 갖가지 표현들에서 달성된 이 발전은 예의와 언어의 보편적 서구화라는 경향까지 수반했다. 부와 위신의 급속한 확장으로 귀결되는 이런 동향은 높은 인격에 대한 찬미나 친교, 상호 신뢰 등을 심원하게 실현하는 데서 시작되었다. 증기선에서 호텔로, 철도역에서 온천장으로 끊임없이 가정(家庭)을 이동시키는 그 분망함이 세계인다운 교양의 가능성을 낳았다. 19세기에는 축복이라 할 만한 과학적 위생이나 외과술의 경이로운 보급이 있었다. 재무뿐만 아니라 지식도 체계화되었고, 거대한 공동체들은 집단적 행동이 가능해졌으며, 개개인의 의식이 발달하는 일도 가능해졌다.

서양의 주민들이 이 모든 것을 만족스러워하는 일은 당연하다. 다른 사람들은 다르게 생각할 수도 있다는 것을 그는 아마 상상조차 하지 못할지도 모른다. 그럼에도 중국의 덤덤한 반어적 표현에서는 기계가 한낱 장난감으로 보일 뿐, 이상적인 것으로 보이지는 않는다. 존경할 만한 동양은 여전히 수단과 목적을 구별한다. 서양은 진보를 위한다고 하는데, 그러면 무엇을 위한 진보인가? 아시아는 묻는다. 물질적 효율성이 완전하게 달성될 때, 어떤 목적이 달성되는가? 형제애가 보편적인 협력에서 정점에 이를 때, 그것은 어떤 목적에 이바지하는가? 단지 자기의 이익을 위해서라고 한다면, 그렇게나 떠들던 진보를 어디에서 찾을 수 있는가?

●
미국 방직 공장의 어린 노동자들(위는 1908년, 아래는 1909년 사진)

서양의 영광을 묘사한 그림에는 불행하게도 이면이 있다. 크기만으로는 진정한 위대함을 구성하지 못하고, 사치를 누리는 것이 언제나 세련됨으로 귀결되지는 않는다. 이른바 근대 문명이라는 거대한 기계를 제작하는 데 종사하는 개인들은 기계적 습관의 노예들이 되고, 자신들이 만들어낸 괴물에게 무자비하게 지배당하고 있다. 서양이 자유를 과시하고 있는 와중에도 참된 개성은 부를 향한 경쟁 속에서 파괴되고 있으며, 행복이나 만족은 끊임없이 더 갈망하는 탐욕에 희생되고 있다. 서양은 중세의 미신으로부터 해방을 이룬 데에 우쭐대고 있지만, 그 미신을 대신해버린 부에 대한 맹목적 숭배는 어떻게 할 것인가? 현대의 화려한 가면 뒤에는 어떤 고통과 불만이 숨겨져 있는가? 사회주의의 목소리는 서양 경제학의 고뇌를 비탄하는 소리이며 자본가와 노동자의 비극이다.

그런데 서양은 또 자신의 광대한 땅에 있는 무수한 희생자들에 만족하지 못하는 공복감을 갖고 다시 동양에서 먹이를 찾고 있다. 유럽의 아시아 진출은, 동양을 야만적이라고 하지는 않을지라도, 미숙함을 붙들고 있는 동양에 사회적 이상을 부과하는 것을 의미할 뿐만 아니라 현존하는 모든 법률과 권위의 전복을 의미하기도 한다. 자신들의 문명을 싣고 온 서양의 배들은 정복, 보호 제도, 치외법권, 세력 범위라고 하는 것 등도 가져왔다. 그리고 타락과는 아무런 상관없이 동양이라는 이름은 '퇴보'와 동의어가 되고, '원주민(native)'은 노예의 별칭이 되었다.

서양 문명과 일체가 되고자 열렬히 애쓴 일본인들

지금 중국의 의화단원(義和團員)[1]들이 왕성하게 열성적으로 외치고 있는 "서양 오랑캐들을 몰아내자!"라는 구호를 50년 전에 외쳤던 저 열렬한 애국지사들 일족은 이제 일본에서는 아주 사라졌다. 그 후로 우리의 정치적 삶에 닥친 엄청난 변화, 그리고 외국과의 접촉을 통해 얻은 물질적 이익이 서양에 대한 국민적 정서를 완전히 변혁시켰다. 그리하여 무엇 때문에 우리 조상들이 그토록 적개심을 일으켰는지 떠올려보는 일이 우리에게는 거의 불가능한 것이 되었다. 반대로 우리는 아시아 문명 대신에 유럽 문명과 우리 자신이 일체가 되기를 간절히 바라게 되었고, 그로 말미암아 대륙의 이웃 나라들이 우리를 개종자로, 아니 백색 재앙 그 자체의 화신으로 간주할 정도가 되었다. 그런데 몇 세대 전 우리의 심리적 입장은 지금 보수적인 중국의 애국자들의 그것이었다. 다만 우리는 서양의 진출에서 우리를 파멸로 몰고 갈 모든 개연성을 보았던 것뿐이다. 유린된 동양에서 볼 때, 유럽의 광영은 아시아의 굴욕에 지나지 않는다.

만약 우리가 오늘날의 중국 애국지사의 처지에 우리 자신을 둔

1 의화단은 19세기 말 청나라의 비밀결사 조직으로, 청나라의 전복과 외세의 배격을 목표로 했다. 1900년에 외세 배격의 민중 봉기를 일으켰는데, 이것을 의화단 운동이라 부른다.

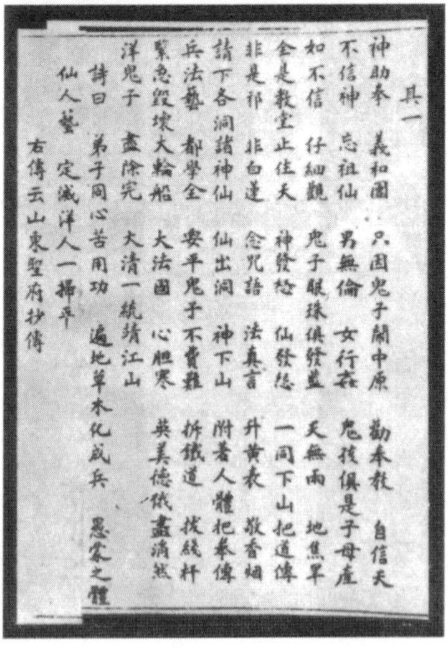

其一

神助拳 義和團 只因鬼子鬧中原 勸奉教 自信天

不信神 忘祖仙 男無倫 女行姦 鬼孩俱是子母產

如不信 仔細觀 鬼子眼珠俱發藍 天無雨 地焦旱

全是教堂止住天 神發怒 仙發怨 一同下山把道傳

非是邪 非白蓮 念咒語 法真言 升黃表 敬香烟

請下各洞諸神仙 仙出洞 神下山 附著人體把拳傳

兵法藝 都學全 要平鬼子不費難 拆鐵道 拔線杆

緊急毀壞大輪船 大法國 心膽寒 英美德俄盡消然

洋鬼子 盡除完 大清一統靖江山

詩曰 弟子同心苦用功 遍地草木化成兵 愚蒙之體

仙人藝 定滅洋人一掃平

右傳云山東聖府抄傳

●

의화단원(위)과 의화단이 내건 격문(아래)

다면, 현재 진행되고 있는 사건들이 우리 조상들에게 어떻게 보였을지 이해할 수 있을 것이다. 그들의 공포는 전혀 이유가 없는 게 아니었다. 왜냐하면 동양인들의 손상된 상상력은 우리를 덮친 백색 재앙의 점진적 진행에 말미암은 것임을 역사가 말해주었기 때문이다. 이탈리아의 르네상스는 족쇄로부터 벗어난 서양의 방랑하는 모험 정신이 처음으로 지구의 구석구석에서 조금이라도 얻을게 있다 싶으면 어느 곳이든 움켜쥐기 시작했던 시대를 나타낸다. 마르코 폴로는 중국의 궁정에서 돌아왔을 때, 극동의 막대한 재화들에 대한 소식을 전했다. 아메리카 대륙은 스페인 쪽에서 보면 그들이 갈망하던 인도의 부를 수중에 넣으려다가 우연히 발견한 것에 지나지 않는다. 소의 가죽으로 식민지를 얻고 제조공장의 인가가 제국의 건설로 귀결되었던 시절에 포르투갈인들은 얼마나 잔인했고 네덜란드인들은 얼마나 기만적이었는지가 떠오른다.

17세기 초에 프랑스, 네덜란드, 덴마크, 영국 등은 동인도회사를 설립했음에도 상호 경쟁적 투쟁, 델리의 견고한 무슬림 세력, 그리고 서양의 진출에 용감하게 맞서서 여러 차례 [오스트리아] 비엔나의 성벽까지 몰아댔던 터키 대제국에 대한 외경 때문에 그 정치적 야심이 채워지지 못한 채로 남아 있었다. 그러나 초승달[2]의 광명은 서양이 연합해서 버티자 급속하게 약해졌고, 곧이어 재앙과도

2 터키를 가리킨다. 터키 국기에 초승달이 그려져 있다.

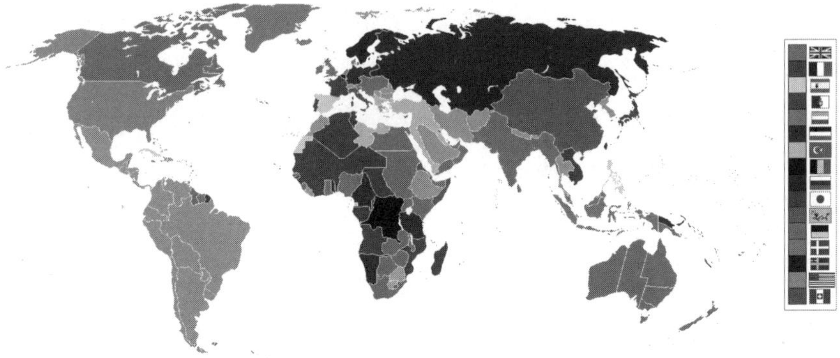

1898년의 제국주의 열강들과 그 식민지

같은 크추크-카이나르디 조약[3]을 맺는 바람에 포르테(Porte)[4]의 내정에 러시아가 간섭할 빌미를 제공했다. 1803년에는 대몽골 최후의 황제가 영국의 연금수령자가 되었고,[5] 1839년에는 압둘 메지드[6]

---

3 18세기 후반에서 19세기 후반에 이르기까지 러시아와 터키(오스만 제국) 사이에서 벌어진 여섯 차례의 전쟁 가운데 제1차 전쟁(1768~1774)에서 터키가 패배하여 맺은 굴욕적인 조약. 이 조약으로 크림 칸국(汗國)의 독립(후에 러시아에 병합)을 승인하고, 흑해의 북동지방을 러시아에 양도하며 터키 영토 내에 있는 그리스정교도에 대한 러시아의 보호권을 인정하게 됨으로써 나중에 이것이 내정간섭의 빌미가 되었다.

4 1923년 이전의 터키 정부

5 1803년에 델리에서 영국 동인도회사의 군대가 인도의 마라타 군대를 패배시켰는데, 이로써 무굴 제국의 16대 황제인 샤 알람 2세(Shah Alam II, 1728~1906)는 영국의 보호하에 있으면서 연금생활자가 되었다.

6 흔히 압둘 메지트 1세(Abdul Mecit I, 1823~1861)라고 불리는 오스만 제국의 31대 술탄이다. 어려서부터 서방 문화를 교육받았던 그는 서방 세계의 문화로 개혁

가 유럽 열강들의 '보호' 아래에서 오스만 제국의 황제로 즉위했다.

18세기 후반기 동안에 채권과 자본의 증가에 힘입어서 유럽 산업주의의 창의적 기운은 활발한 움직임을 보였다. 제련 공장에서는 석탄이 나무를 대신했고, 빠르게 작동하는 직조기의 북, 제니 방적기, 뮬 정방기(精紡機), 역직기(力織機), 증기 기관 등이 모두 가공스럽게도 줄줄이 나타났다. 서양의 생존은 통상주의가 그들의 상품을 팔기 위한 시장을 찾아내느냐에 달려 있다. 서양의 역할은 이제 파는 일이고, 동양의 역할은 사는 일이다. 전쟁 선포는 그들의 공장에서 나오고 있으며, 한층 더 인도적인 정치가들의 항변은 천둥 같은 공장의 소음 속에 파묻히고 있다. 개별화된 동양의 무역은 [서양의] 이 조직화된 교역이 가하는 무차별적인 포격에 맞서 이길 공산이 있는가? 기관총처럼 엄호하며 그들이 전진하도록 해주는 염가(廉價)와 경쟁력이 이제는 [수공업자들의] 솜씨를 압도하고 있다. 토지와 노동력에 기초를 두고 있으면서 고압적인 외교적 조처로 말미암아 보호세를 빼앗긴 동양의 경제적 생명은 [서양의] 기계와 자본이라는 군대 앞에 굴복했다.

인도는 어떻게 되었는가? 오늘날에는 아쇼카왕과 비크라마디티야왕의 이름조차 잊어버린 나라가 되었다. 그 가슴에 불명예가 별처럼 총총히 박혀 있는 라자(Raja, 왕)들의 나라, 감히 항변하지 못하는 국민의회를 가진 나라다. 버마(미얀마)는 존재하고 있지

을 꾀했던 군주였다.

만, 어제의 그 나라가 아니다. 티보 왕(King Thibaw)의 홍옥들에는 만달레이(Mandalay)의 무고한 피들이 흐르고 있고,[7] 코히노르(Kohinoor)[8]는 골콘다(Golconda)[9]의 눈물방울과 같은 것이다. 페르시아나 시암(태국)에서 일어난 고통스런 희극을 언급할 필요가, 또는 프랑스가 통킹(Tonkin)[10]에 설정한 보호령에 주의를 환기시킬 필요가 있을까? 보호령이라니! 누구로부터 보호인가?

1842년에는 어떤 기독교 국민이 대포의 총구를 앞세워 중국에 아편을 강매하고 또 홍콩을 강탈했다.[11] 1860년에는 프랑스와 영국의 연합군이 하찮은 구실을 만들어서 북경을 침입해 '여름 궁전'[12]을 약탈했으니, 거기 있던 보물들이 이제는 유럽 박물관들의 자랑이 되었다. 한편, 러시아는 아무르 강과 일리 강의 경계를 따라 이어진 중국의 세습 영지를 꾸준히 침해하고 있었다. 청일전쟁 뒤에

---

7 티보 왕은 1885년 제3차 영국-버마 전쟁에서 버마가 패배하여 영국령 인도로 병합될 때에 재위하고 있던, 버마 콩바웅 왕조의 마지막 왕이며, 만달레이는 왕조의 수도가 있던 곳이다.

8 영국 왕실이 소장하고 있는 금강석. "빛의 산"이라는 뜻을 가진 이 금강석은 인도에서 나온 것이라 한다.

9 인도 남부 안드라프라데시 주 중북부의 하이데라바드 지구에 있는 도시

10 베트남 북부의 홍강 유역 지역

11 아편전쟁에서 영국이 승리하고 난징 조약(1842년)을 체결한 일을 가리킨다.

12 본래 '어원(御園)'으로 불렸던 '원명원(圓明園)'을 가리킨다. 청의 건륭제가 뛰어난 장인들을 불러서 정원 양식으로 창조해낸 궁궐이며, '겨울 궁전'으로 불리기도 했다. 그러나 1860년에 영국-프랑스 연합군의 공격으로 수난을 당하며 약탈당했다. 1886년에 서태후가 재건한 뒤, 1888년부터는 이화원(頤和園)으로 불렸다.

●
펠리체 베아토(Felice Beato)가 1860년에 찍은, 파괴된 원명원의 모습

삼국연합이 참으로 친절하게 조정한 일[13]은 한 편의 익살극에 지나지 않았다. 왜냐하면 이를 통해 러시아는 여순항(旅順港)[14]을, 독일은 교주(膠州)[15]를, 프랑스는 운남(雲南)을 확실하게 장악했기 때문이다. 그들이 영묘(靈廟)를 더럽힌 일이 의화단을 부추겨 격렬한 분노의 폭발을 일으켰던 것은 사실이다. 그러나 동맹한 열강의 연합군에 대해서 그들의 구식 무기가 무슨 소용이 있었겠는가? 그들의 분별없는 수고는 중국에 모욕의 더미를 안겨주고 또 터무니없는 배상금을 연합국에 지불하도록 만들었다. 여러 차례 철군을 약속했음에도 러시아는 만주에 영구적으로 자리를 잡으려고 애썼다. 그리고 그 지방에서 박해받던 주민들은 경애하는 조상들의 무덤들이 철도역으로 바뀌고 또 코사크[16] 기병들이 상제(上帝)의 성전(聖殿)을 마구간으로 삼는 것을 목격했다. 아시아가 시대에 뒤떨어졌다고 한들, 유럽은 정당했는가? 만약 중국이 머리를 쳐들려고 했다면, 만약 벌레가 고통 속에서 탈바꿈했다면, 유럽은 곧바로 황색 재앙이라고 외치지 않았을까? 진실로 서양의 영광은 동양의 굴욕이다.

13 청일전쟁에서 승리한 일본이 시모노세키 조약(1895년)을 통해 요동 반도를 차지하자, 러시아와 독일, 프랑스가 개입해 일본의 철수를 요구해 관철시킨 일이다.

14 중국 요녕성(遼寧省)에 있는 해군 군항도시

15 중국 광동성 남부에 있는 뇌주(雷州) 반도의 북동쪽 지역

16 흔히 '카자크'라 부른다. 지금의 우크라이나 일대와 러시아 서남부 지역에서 준군사적인 자치 공동체를 이루며 살았던, 동슬라브어를 사용하는 민족집단이다. 18세기부터 20세기까지 러시아 제국의 전쟁들에 동원되었다.

러시아, 18세기 말에 일본을 위협한 최초의 유럽 국가

1853년 미합중국의 무장한 사절이 도래한 일은 동양의 다른 나라들을 통해 아주 파멸적인 것임이 증명된 저 백색 재앙의 무시무시한 환영처럼 일본에게는 보였다. 그 일이 있기 11년 전에 중국에서 일어난 아편전쟁은 서양의 침략이 얼마나 악랄한 성질을 띠고 있는지를 폭로해주었다. 아시아에 대한 유럽의 침략을 계속해서 알려준 네델란드인은 그들이 갖고 있던 호의의 가치를 높이기 위해서 주저하지 않고 서양의 다른 국민들이 저지른 행위를 가장 어두운 색으로 칠했다. 사실, 불행하게도 우리는 이미 러시아의 남하에서 외국의 탐욕스런 약탈이 어떠한지 몇 가지를 경험했었다.

전투 대형에서 우리가 만났던 최초의 유럽 국민—그리고 마지막일 수 있기를 우리가 바라는 국민—이 그 행위를 통해 우리에게 대외적 분규의 가능성을 최초로 경고한 열강이라는 사실은 기묘한 우연의 일치다. 러시아는 시베리아와 캄차카에서 남하해 오래 전부터 우리[일본]의 영토인 사할린과 쿠릴 열도에 손을 뻗쳤다. 18세기 말, 러시아인들은 에조(蝦夷)[17]의 본토에서 약탈 행위를 했다.

---

17 일본 칸토오(關東) 이북 홋카이도오(北海道)와 토오후쿠(東北)에 살던 일본의 선주민으로, 흔히 '아이누'라 부르는 민족이다. 일본 조정에서는 오랫동안 이들을 미개인으로 보고 적대시했다. 일본이 직접 통치하기 시작한 것은 러시아의 위협 이후인 19세기 중반부터라 할 수 있다.

그릇에 묘사된 일본 지도(1830~1843년 제작). 오른쪽 끝에 에조(蝦夷)가 표시되어 있다.

그 때문에 1806년에 토쿠가와 막부는 러시아인들이 더 약탈하지 못하도록 방비하기 위해 하코다테(函館)에 이쿠사부교오(軍奉行)[18]를 배치해야만 했다. 북방을 잠식하고 있다는 경보가 우리의 격앙된 귀에 쏟아져 들어왔고, 많은 다이묘오들은 그 침입자들을 몰아내려고 자발적으로 나섰다. 1830년에 토쿠가와 가문의 강력한 다이묘오이던 미토의 나리아키(齊昭, 1800~1860)가 자기의 모든 가신들 및 번의 주민 전부를 이끌고 에조의 땅에 이주하겠다는 제의를 했다. 그는 자기 영지의 사원들에 있던 모든 동종(銅鐘)들을 녹여서 거대한 대포를 약간 주조하고 또 비상시를 대비해 사무라이들을 훈련시켰다. 그렇지만 그의 열의는 토쿠가와 정부에 의해서 곡

18 카마쿠라와 무로마치 막부 때부터 전쟁 때 임시로 두었던 직명으로, 군사 업무를 총괄했다.

해되었고, 그리하여 아들에게 직위를 넘겨준 뒤에 은퇴하지 않으면 안 되었다. 러시아를 싫어한 공로병자(恐露病者)들은 그릇된 공포를 퍼뜨린다는 이유로 투옥되었고, 많은 이들이 감금된 채로 죽었다. 흥미롭게도 그들의 회고록 가운데 몇몇에서 러시아가 아시아에서 확장을 꾀한다는 예견을 찾아낼 수 있는데, 그 예견은 너무도 정확하게 적중되었다.

엄청난 충격을 준 미국의 전함

에도만(江戶灣)에 미국의 전함이 나타난 일은 엄청난 충격이었다. 그때까지 외세의 침입에 대한 경고는 온 국민에게 별 의미를 갖지 않았는데, 그것은 하코다테나 나가사키와는 아주 멀리 떨어져 있었기 때문이다. 그런데 이제 에도에서 하룻길 안에 가공할 함대의 검은 선체들이 벌여 있고, 그 제독은 조약에 서명할 때까지는 물러나려 하지 않았다. 타타르[몽골]의 함대에 대한 기억이 우리 조부들의 마음에 번개처럼 스쳐 지나갔다. 사무라이가 자기 근해에서 위협을 받아서야 되겠는가? 이 신국(神國)은 침략을 격퇴시킬 각오가 늘 되어 있지 않았던가? 우리가 바라지 않는 통상을, 우리가 요구하지 않은 친교를, 외국 국민이 무슨 권리로 우리에게 강요할 수 있는가? 무기여! 양이(攘夷)! 양이! 오랑캐를 몰아내자! 경종이 온 나라에 울려 퍼졌다. 거품을 문 말에게 채찍질하는 기수가 모든 성문들을 내달려 지나면서 중대한 소식을 전했다. 창들은 창걸이에서 떨어져 나왔고, 낡은 갑주는 먼지로 덮인 상자 속에서 끌려 나왔다. 군용 장비를 단조하고 있는 모루에서는 쨍그랑거리는 철강 소리가 밤낮없이 들렸다. 미토의 노공(老公)은 은거하던 곳에서 불려 나와 지휘를 맡았고, 그의 대포는 곳곳의 요새에 줄지어 섰다. 불교도들은 군신 카르티케야[19]에게 기원하느라 염주를 닳아 없앴고, 신토의 신관들은 침략자를 격멸시켜 줄 바다와 태풍에 기원하면서 단식했다.

우리 국민의 의식 속에서 훈습되고 있었던 역사적 정신은 오로지 이 순간을, 통합이라는 열렬한 표현 속에서 터져나올 이 순간을 기다렸다. 관습과 형식주의는 공공이 위험에 처한 이때에 똑같이 잊혀졌고, 2백 년 만에 처음으로 토쿠가와 정부는 다이묘오들을 소집해 나랏일을 협의했다. 7세기 만에 처음으로 쇼오군은 국가의 정책에 관한 의견을 들으려고 천황에게 특사를 보냈으며, 우리나라 역사에서 처음으로 상층과 하층 사람들을 똑같이 불러들여서 조상 전래의 땅을 보호하기 위해 어떤 조처를 취해야 할 것인지에 대해서 제언하도록 했다. 우리는 하나가 되었고, 그리하여 아시아의 밤은 '떠오르는 태양'의 서광 앞에서 영원히 사라졌다.

---

19 카르티케야(Kartikeya) : 힌두교의 최고신이자 파괴의 신인 시바의 장남으로, 전쟁과 승리의 신이다.

●

1853년에 에도만에 나타나 일본 열도를 공포로 몰아넣은 페리 제독의 쿠로후네(黑船)들 가운데 하나인 서스퀘한나(Susquehanna)호

6장 ●

토쿠가와 내각과 내실

6장 토쿠가와 내각과 내실

국민을 통합한 페리 제독의 내항

적시에 미국 대사가 도착하지 않았다면, 그리고 외부 세계와의 관계에서 일본이 결연한 태도를 취하지 않았다면, 우리는 내부 분열의 시대로 돌입해 1868년의 왕정복고보다 먼저 일어났던 그 어떠한 일보다도 더 악화된 극도의 내란 상태에 이르렀을지도 모른다. 미국 대사의 도착은 즉시 효과를 나타냈으니, 급속히 약해지고 있던 토쿠가와 막부의 권력을 다시금 견고하게 만들었던 것이다. 논쟁 중이던 사소한 문제들은 모두 제쳐두고서 모든 국민은 쇼오군을 현존하는 모든 권위의 대표자로서 서구의 침략에 대응해 일본의 모든 병력을 지도해줄 수 있는 존재로 여겼다. 그리하여 토쿠가와 정부는 새로운 생명을 임차하여 그 최종적인 전복의 때를 15년간 유예했지만, 그러는 동안에 과격한 개혁주의자들은 함부로 날뛰지 못하고 있었고 또 국민은 다가올 중대한 변화를 위한 채비를 차릴 기회를 얻었다.

토쿠가와 가문이 자신들의 위치를 좀 더 잘 이해했더라면, 이 새로운 형세 아래에서 불확실한 시기 동안에도 자신들의 힘을 유지할 수 있었을 것이다. 그러나 그들에게는 불행하게도 내각[1]과 내실[2]이 서로 다투면서 불화의 요소들이 발생해 마침내 토쿠가와의 전 체제를 결정적으로 붕괴시켰다.

동양의 모든 국왕들처럼 토쿠가와의 쇼오군도 두 가지 존재, 즉 밖의 각료들과 안의 친인척들을 이끌었다. 이 두 가지 어구 가운데서 전자는 통치자가 오랜 기간 동안의 경험을 통해 전해져 내려온 국가의 통일된 정치적 지혜를 대표하는 존재임을 드러내고, 후자는 통치자가 그 의지가 곧 법인 전제 군주임을 드러낸다. 향연의 중앙에 앉아서 백성들의 불만에 귀를 기울이고, 후궁의 미녀들이 들려주는 달콤한 음악보다 부루퉁한 표정을 한 간관(諫官)들의 담화

1 토쿠가와 막부의 조정을 가리킨다. 내각 곧 '나이카쿠'는 메이지유신 이후의 명칭이지만, 저자는 소급해서 사용하고 있다.

2 정확하게는 '오오오쿠(大奧)'라고 해서, 에도성에서 쇼오군의 부인과 자녀들이 거주하던 곳이다. 본래는 막부의 정치에 개입하지 않게 되어 있었지만, 쇼오군의 측실과 결탁한 로오쥬우(老中, 에도 막부에서 쇼오군 직속으로 정무를 담당하던 최고 책임자) 등을 통해서 관여했다.

를 더 좋아하는 이상적인 통치자는 자신을 오로지 첫 번째 역할에 만 한정시킨다. 그렇지만 공자(孔子)의 나라에서조차 인간의 본성은 나약하다. 왕조의 운명은 종종 대표자가 그 정책들 가운데서 어떤 것을 고수하느냐에 따라서 요동했다. 중국의 역사에서 우리는 중대한 사실을 발견할 수 있는데, 친인척의 과중한 권세는 언제나 반역으로 귀결되었으나 조정의 권력은 오로지 외세의 침략에 의해서만 전복되었다는 사실이다. 아주 근래에는 이러한 세력들 사이에서 대개 타협 같은 것이 이루어졌는데, 사실상 군주의 의지를 표현하는 두 가지 형태를 낳았다. 이런 형태는 골치 아픈 분규를 많이 야기했는데, 특히 외국과의 외교적 관계와 관련되었다. 내각에서 확정한 것을 친인척이 부정하거나 그 반대로 하는 것이다.

천조(天朝)의 관습에 따르면 중국 황실 내의 권력은 어떤 남성에게도 심사숙고의 여지조차 허용되지 않았는데, 종종 황후나 여성 정치가가 그 권력을 휘두르며 내실에서 조정의 통치권을 쥐고 신료들을 경악하게 만들었다. 그 여성들 가운데 몇몇은 국가 지배의 전권을 장악하는 데 성공할 정도로 놀랄 만한 자질을 지니고 있었다. 한(漢) 왕조의 여후(呂后)[3]와 당(唐) 왕조의 무후(武后)[4]는 여

3 한고조의 황후(기원전 241~기원전 180)로서, 이름은 치(雉)다. 고조 유방을 보좌하여 한 왕조를 건국하는 데 크게 기여했으나, 고조가 죽은 뒤 실권을 장악해 여씨 일족의 세력을 키우고 전횡을 일삼았다. 여후가 죽은 뒤, 건국 공신들과 유씨 일족이 협력해 반격함으로써 여씨 일족은 몰락했다.

4 중국 역사상 유일한 여제(女帝)인 측천무후(則天武后, 624~705)다. 고종(高宗, 649~683)의 비(妃)로 들어가 황후의 자리에까지 올랐고, 40년 이상 중국을 실질

성이 군주의 통치력을 완전히 찬탈한 본보기로 널리 알려져 있다. 현재 중국의 황태후[5]는 내실에서 총리아문[6] 또는 내각을 지배하고 있는 놀라운 실례를 제공해주고 있다.

에도성의 여인들과 쇼오군

토쿠가와 쇼오군 아래에서도 내각과 내실 사이에 끊임없는 충돌이 있었다. 토쿠가와 가문에 의해서 일어난 다이묘오들 가운데서도 가장 유능한 대표자들 속에서 선택된 신료들은, 자신들의 눈으로 보기에도 국법의 권한을 거의 틀어쥐었던 이에야스로부터 내려오던 정책을 유지하는 데 매진했다. 그들은 대개 국민의 정신을 철저하게 이해하면서 동시에 그 전제주의 속에서도 백성들의 감정을 결코 거스르지 않았던 교활한 정치가들이었다. 쇼오군이 개인적으로는 나약한 성격을 지녔더라도 대체로 그 신하들에게 경의를

적으로 통치했다. 생애 마지막 15년(690~705) 동안은 국호를 당(唐)에서 주(周)로 변경하고 천수(天授)라는 연호를 썼다.

5 동치제(同治帝, 1861~1875 재위)의 어머니이자 광서제(光緒帝, 1875~1908 재위)의 양어머니로서 청 제국을 거의 반세기 동안 지배했던 서태후(西太后, 1836~1908)를 가리킨다. 보수파 부패관료 일당을 기반으로 청을 철권 통치함으로써 중국 역사상 가장 강력한 여성 지배자로 꼽히고 있다.

6 총리아문(總理衙門) : 청나라 말에 대(對) 서양 업무를 관장하던 기관. 정식 이름은 총리각국사무아문(總理各國事務衙門)이다.

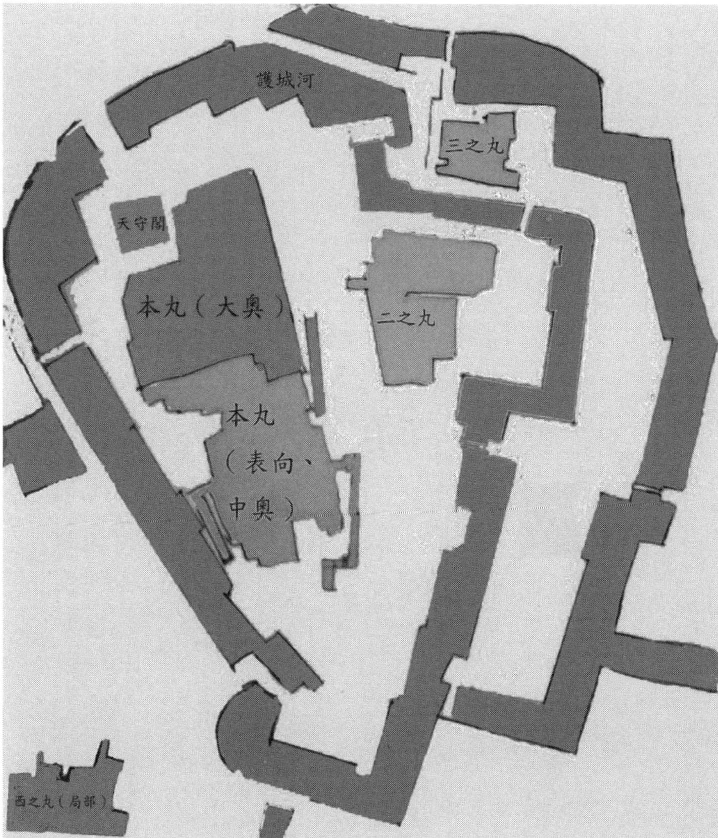

●

에도성 내부 지도. 혼마루(本丸)에 쇼오군의 정실 부인과 자녀들이, 니노마루(二之丸)에 후궁과 그 자녀들이, 산노마루(三之丸)에 이전 쇼오군의 과부가 머물렀다.

강요할 수 있었던 것은 그가 가진 권세 덕분이었다. 그러나 내실의 영향력 아래에 있을 때면 쇼오군은 증오할 만한 폭군이 되어 여론 따위는 개의치 않고 백성의 안녕을 해치는 법령들을 제정했다. 불행하게도 이런 경우에도 내각은 주군의 뜻에 저항하는 것을 금지한 부케쇼핫토[7] 때문에 하나마나 한 항의를 하는 데서 그쳤다.

에도성(江戶城)의 여관(女官)들은 이에야스의 시대에도 토쿠가와 막부의 통치에 적극적으로 개입했는데, 그녀들 가운데는 이에야스가 신뢰할 만한 지지자와 유능한 조언자들이 많이 있었다. 은밀하고도 민감한 임무의 경우에 그 여관들을 파견하는 일은 그의 통치 체제의 일부를 이루었다. 그리고 그 후계자들의 정부에서도 그녀들은 충분히 인정받아 하나의 권력이 되었다. 완전히 전제적인 군주로 기울어진 쇼오군의 경우에는 그의 사생활을 에워싸고 있던 부인들이 막강한 권력을 휘둘렀다. 모친이다, 아내다, 유모다, 애첩이다 하면서 그녀들은 끊임없이 쇼오군의 감정에 영향을 주고 그의 행동을 주물럭거렸으므로 쇼오군이 그녀들의 치맛바람에 휘둘리지 않기 위해서는 아주 굳센 성격을 지닐 필요가 있었다. 그녀들은 자신들끼리 물려받은 권모술수를 알고 있었는데, 그것은 여성의 보수적인 천성 그리고 타협에 대한 혐오에 기초한 것이어서

7 부케쇼핫토(武家諸法度)는 1615년에 이에야스가 제정하고 발표한 것으로, 통치자로서 부케(武家)의 마음가짐을 설명하고 법도의 준수를 의무화하여 모반이나 도당의 결성을 금하고 성곽의 보수나 혼인 등을 통제했다. 이는 토쿠가와 가문의 권력 독점과 무가 통제를 위한 전제적 제도였다.

개혁을 꾀했던 내각 신료들은 모두 두려워했다. 그녀들의 간섭은 마담 퐁파두르[8]나 몽테스판 후작 부인[9] 등이 일시적으로 간섭한 것과는 같지 않았으니, 마치 완비된 여성 추밀원의 그것과 같았다. 토쿠가와 시대의 정치가 라쿠오(樂翁)[10]가 자신이 제안한 지방 행정의 재편을 달성하지 못하고 실패한 것도 내실의 반감 때문이었다. 미즈노 에치젠(水野越前)[11]이 당시의 많은 폐단을 시정하려는 목적으로 강행하던 사치금지령이 방해를 받은 것도 그녀들의 세력 때문이었다. 토쿠가와 정부의 말기에 내각에서는 적절한 법령을 많이 제안했으나, 내실이 권력에서 주도권을 쥐고 있었기 때문에 좌절되었다.

---

8 마담 퐁파두르(Madame Pompadour, 1721~1764) : 프랑스 왕 루이 15세의 총애를 받은 정부. 미모와 재능으로 국왕의 사랑을 받으며 방대한 국비를 탕진해 훗날 프랑스 혁명을 유발하는 원인을 제공했으나, 디드로와 달랑베르의 『백과전서』 편찬 사업을 지원하는 등 학술과 예술을 보호하고자 노력하기도 했다.

9 몽테스판 후작 부인(Duchesse de Montespan, 1640~1707) : 프랑스 왕 루이 14세의 정부. 1663년에 몽테스판 후작과 결혼했으면서 1666년에 루이 14세를 유혹해 총애를 받기 시작했다. 그리고 1669년부터 루이 14세 사이에서 일곱 명의 아이를 낳았다.

10 무츠(陸奧)의 시라카와번(白河藩)의 13대 번주인 마츠다이라 사다노부(松平定信, 1758~1829)를 가리킨다. 1787년에 쇼오군의 보좌역으로 취임하여 개혁을 추진했으나, 존호사건(尊號事件, 쿄오토의 조정과 에도의 막부 사이에서 황족에게 존호를 부여하는 문제로 벌어진 논란)과 내실에 대한 압박 등이 원인이 되어 1793년에 사직했다.

11 에도 후기의 로오쥬우(老中)였던 미즈노 타다쿠니(水野忠邦, 1794~1851). 1841년부터 텐보오(天保) 개혁을 단행했으나, 강압적인 정치로 말미암아 반발을 사서 1843년에 실각했다.

●
내실 곧 오오오쿠를 묘사한 우키요에 작품(1895년)

페리 제독이 왔을 때의 쇼오군

첫 번째 미국 사절이 왔을 때는 12대 쇼오군[12]이 통치하고 있었다. 그는 젊고 유약한 군주였으나, 유능한 총리대신으로 아베 이세노카미(阿部伊勢守)[13]라는 인물을 두고 있었다. 이세노카미는 상황을 놀라울 정도로 잘 파악했고, 일본이 현재의 위치에 이를 수 있도록 해준 계몽적인 정책을 개시하기도 했다. 그의 조처가 지닌 실제 취지는 상충하는 비판만 일삼는 집단 그리고 영락한 왕조의 정치가들에 붙어 다니는 오욕 아래에서 아주 모호해져 버렸다. 대다수가 반대하는 것도 아랑곳하지 않고 페리 제독과 우호 조약을 담판 지었지만, 비방을 일삼는 자들에 의해 과소평가되었다. 그렇지만 이 조약으로 일본은 이 세계의 나머지 국가들과 최초로 접촉할 수 있게 되었다. 그의 온건함은 비겁함이 아니었다. 그가 만약 다이

---

12 12대 쇼오군은 토쿠가와 이에요시(德川家慶, 1793~1853)인데, 페리의 함선들이 나타났을 때에는 재임하고 있었으나 불과 3주도 지나기 전에 죽었다. 본문에서 "젊고 유약한 군주"라고 한 표현과 이어지는 설명은 이에요시를 이은 13대 쇼오군 토쿠가와 이에사다(德川家定, 1824~1858)에 해당하는데, 오카쿠라가 착각한 듯하다.

13 아베 마사히로(阿部正弘, 1819~1857)다. 빈고(備後) 후쿠야마번(福山藩)의 7대 번주로, 막부 로오쥬우의 수좌 곧 타이로오(大老)였다. 페리 제독의 내항 이전에 '안세이(安政)의 개혁'을 단행했으나, 갑자기 죽었다.

묘오들을 고무시키기 위해서 호전적인 정신에 휩쓸려 들어갔다면, 일본은 스스로 비참한 구경거리가 되었을 것이다. 미국 사절과의 조약을 거절했다면, 결과적으로 포격을 당했을 것이기 때문이다. 그랬다면 사무라이가 아무리 불같은 용맹을 지녔다고 한들, 장비를 제대로 갖춘 미국을 그 구식의 대포와 요새 방어로써 감당할 수 있었겠는가? 일본이 그런 재앙으로부터 온전할 수 있었던 것은 전쟁 준비가 되어 있지 않았던 우리의 상황을 아베 이세노카미가 충분히 인지하고 있었기 때문이다. 우리는 미국 제독에게도 충심으로 고마워해야 한다. 그가 협상에서 무한한 인내와 공평함을 보여주었기 때문이다. 동양의 민족들은 그러한 친절을 결코 잊어서는 안 될 것이니, 국가들 사이의 친절은 불행하게도 아주 드물다. 페리 제독의 이름은 우리에게 아주 친밀해졌기 때문에 그가 도착한 지 50주년이 되자 사람들은 그가 상륙한 곳에 기념관을 세웠다.

아베 이세노카미가 외국과의 교섭이 갖는 중요성을 완전히 깨닫고 있었다거나 그것을 환영했다고는 생각하지 않는다. 그 시대의 다른 사람들처럼 그도 그것을 필요악으로 여겼을 뿐이다. 서양에 대한 그의 지식은 아주 빈약했다. 그래서 미국과 조약을 맺는 무거운 임무를 외무대신인 홋타 빗츄우노카미(堀田備中守)[14]에게 떠

14 홋타 마사요시(堀田正睦, 1810~1864)다. 시모우사(下總) 사쿠라번(佐倉藩)의 5대 번주로, 아베 마사히로의 뒤를 이어 로오쥬우의 수좌가 되어 <일미수호통상조약>의 중임을 떠맡았다.

일본의 판화(1854)에 묘사된 페리 제독(위)과 카나가와현(神奈川縣) 요코스카시(橫須賀市)에 있는 페리 공원(아래). 공원의 왼쪽은 페리 상륙 기념비, 오른쪽 건물은 기념관이다. 기념비의 글은 이토오 히로부미가 썼다고 한다.

맡겼는데, 홋타는 나중에 아베가 죽은 뒤에 타이로오(大老)[15]를 물려받았다. 그럼에도 그는 일본이 서양의 지식을 얻는 일이 얼마나 필요한지를, 그래야만 일본이 스스로 외침을 막아낼 수 있다는 것을 인식하고 있었다. 마침내 그는 이 일을 토쿠가와 막부의 당국자들에게 각인시킬 수 있었고, 호전적인 다이묘오들도 그에게 설복되어 그가 살아 있는 동안에는 얌전하게 있었다. 그는 정부가 후원하는 학교를 열었는데, 거기서는 외국의 여러 분과 학문들을 처음으로 공공연하게 가르쳤다. 현재 토오쿄오제국대학은 이 학교에서 발전된 것이다. 지금까지는 의학을 제외한 외국의 지식을 연구하는 일이 금지되었으므로 학생들은 비밀스럽게 또 굉장히 곤란한 상황 속에서 공부하지 않으면 안 되었다. 그러나 이제는 가치가 있다는 것을 스스로 입증한 사람이라면 누구든지 자기 연구에서 원조와 격려를 받게 되었다. 한편 군인들은 네델란드와 프랑스의 훈련 체계 속에서 조련되었다. 전함과 상선을 네델란드에 주문했고, 그리고 젊은 사무라이들이 파견되어 저들의 건조 기술과 조종법을 연구했다. 이것이 현재 일본 해군의 기원이 되었다. 일정한 크기 이상의 선박을 건조하지 말라고 한 금제는 폐지되었다. 그리고 미토(水戶)나 사츠마(薩摩) 등의 번에서처럼 많은 다이묘오들이 경쟁적으로 선박을 건조하게 되었다.

15 내각책임제에서 수상에 해당하는 직책이다.

●

아베 이세노카미(위)와 홋타 비츄우노카미(아래)

아베 이세노카미의 착상에서 주요한 점은 토쿠가와의 제도를 새로운 토대 위에서 공고하게 하려던 것으로 보인다. 그는 격심한 변화가 자국민들에게 찾아왔다는 사실, 또 급속하게 손상되고 있던 토쿠가와 조정의 위신은 새로운 활력을 흡수함으로써만 회복될 수 있다는 사실을 감지했던 것 같다. 그의 의도는 제국을 움직이는 모든 세력의 중심에 쇼오군을 두는 일이었다. 그가 국가의 온갖 문제들에 관해서 천황과 다이묘오들의 평의회가 접촉해서 교섭하는 관례를 처음 열었던 것도 이러한 착상에서 나온 일이었다. 토쿠가와 시대를 연구하는 역사가들에게는 중대한 잘못으로 보이겠지만. 그는 다이묘오들 가운데서 가장 강력했던 사츠마(薩摩) 번주(藩主)의 딸을 쇼오군과 혼인시킴으로써 사츠마 번주의 충성심을 돋우었다. 또 전쟁에 대비해 적극적으로 군비를 갖춤으로써 미토(水戶)의 노공(老公)[16]이 심기가 편해지도록 해주었다. 그는 현존하는 많은 악습들을 바로잡았고, 행정에서 개혁을 실시했으며, 유능한 인물이라면 하급 사무라이 출신이라도 임명해서 책임이 무거운 자리에 앉혔으니, 토쿠가와의 위신을 되살릴 수 있는 일이라면 자신이 할 수 있는 모든 일을 다 했다.

16 미토번의 9대 번주인 토쿠가와 나리아키(德川齊昭, 1800~1860)를 가리킨다.

쇼오군 직책의 계승 문제

그 시대에 외교 문제 다음으로 중요한 문제는, 자식이 없고 또 만성적인 환자였던 당대의 쇼오군[17]이 죽은 뒤에 누가 그 직책을 계승해야 하는가에 관한 일이었다. 사실 이 문제는 둘[18] 가운데서 더 중요한 것임이 저절로 입증되었는데, 왜냐하면 그 문제를 최종적으로 해결한 방식 자체에서 토쿠가와 가문의 최후 몰락이 비롯되었기 때문이다. 토쿠가와 가문의 여러 공들 가운데서 미토 노공의 넷째 아들인 케이키(慶喜)[19]가 계승자로는 가장 적합한 후보자로 여겨졌다. 케이키는 그 부친 때문만이 아니라 그 자신의 인격과 능력 덕분에 다이묘오들과 사무라이들에게서 존경을 받고 있었다. 천황에 대한 그의 헌신은 널리 알려져 있었고, 또 쿄오토의 조정에서도 기꺼이 그를 쇼오군으로 삼으려 했다고 알려져 있다. 아베는 케이키가 계승하면 토쿠가와 가문의 지배를 굳건하게 할 가능성이 상당히 크다고 보았다. 다이묘오들과 쿄오토의 조정이 지지하는 유능한 쇼오군은 거의 무엇이든 성취할 수 있었기 때문이다. 그렇지만 그를 임명하는 데에는 한 가지 어려움이 있었으니,

---

17 토쿠가와 이에사다(德川家定, 1824~1858)를 가리킨다. 허약한 체질을 타고났기 때문에 쇼오군 계승 문제가 일어났고, 그 분규의 와중에 죽었다.

18 외교 문제와 누가 쇼오군의 직책을 계승해야 하는가에 관한 문제 둘을 가리킨다.

19 토쿠가와 나리아키의 아들로 태어나 토쿠가와 바후쿠의 15대 쇼오군이 된 토쿠가와 요시노부(德川慶喜, 1837~1913)다. 1867년에 쇼오군으로 취임했으나, 정권 유지가 불가능함을 깨닫고 통치권을 메이지 천황에게 반환했다.

그것은 당시의 쇼오군과 궁정의 여관(女官)들이 그를 싫어했다는 점이다. 사무라이로서 또 신하로서 아베가 무엇보다도 우선해야 할 의무는 주군이 바라는 대로 따르는 일이었다. 동시에 각료로서 그는 에도성(江戶城)의 여관들이 지닌 권력을 인지하고 있었다. 그는 내실의 보수적인 정책에 대한 자신의 갖가지 개혁들이 극도로 혐오되고 있다는 점, 또 케이키와 같은 촉망되면서도 여인들의 손에서 놀아나는 단순한 꼭두각시가 되기를 거절할 과단성 있는 쇼오군이 임명될까 봐 여관들이 두려워하고 있다는 점을 알고 있었다. 이러한 이유로 해서 아베는 자신의 속내를 감히 내보이지 못했다. 왜냐하면 토쿠가와의 통치권을 재조직하려는 내각을 압박하여 그 모든 노력들을 뒤집어 엎어버릴 수 있는 강력한 권력을 내실이 쥐고 있다는 사실도 알고 있었기 때문이다. [쇼오군의] 후계자 문제에 대한 그의 태도는 너무도 조심스러워서 거의 우유부단하게 보일 정도였다. 만약 그가 몇 년 더 살 수 있었다면, 자신의 목적을 이루었을지도 모른다. 그러나 1857년에 그는 갑작스럽게 병을 얻어 39세의 나이로 죽었다. 토쿠가와 막부의 스러져가는 운수를 회복시켜줄 수도 있었을 마지막 위대한 정치가는 그렇게 사라졌다.

아베를 이어 타이로오(大老)가 된 홋타 빗츄우노카미는 비록 똑같은 능력을 지니지는 못했지만, 전임자의 정책을 철저하게 추구해 나가려고 애썼다. 그러나 쿄오토 조정으로부터 존중을 받지 못했고 또 자신도 모르게 다이묘오들의 호의로부터 소원해졌다. 그는 미국의 영사인 타운젠드 해리스(Townsend Harris, 1804~1878)와 몇 가지 조항들을 초안한 새로운 조약을 마련했는데, 이에 대한 천황의 비준을 얻기 위해서 그가 1858년 봄에 에도로 떠날 즈음에는 거의 지지자가 없었다.[20] 토쿠가와의 타이로오가 직접 쿄오토로 가서 그 전에는 자기 앞에서 와들와들 떨었던 궁정 귀족들의 물음에 대답을 해주어야만 했으니, 확실히 시대는 변했다. 그런데 쿄오토의 조신(朝臣)들은 이미 권력의 맛을 보았으므로 더욱 맘껏 맛볼 기세였다. 국정에 참여하지 못하고 너무 오랫동안 격리되어 있었던 천황의 조신들에게 우리의 국민적 정치 문제는 갑절로 이해하기 어려웠는데, 동시에 그들의 보수주의는 대외 교섭에 대해서는 언급조차 꺼리며 뒷걸음치게 만들었다. 대외 교섭과 통상의 필요성을 진정으로 믿었던 홋타로서는 그런 문제들에 대해 처음 듣는 궁정의 조신들에게 설명을 해주는 일 자체가 난제였다. 따라서 당연하게도 그의 임무는 실패로 끝났다. 그들은 당혹스런 질문들을 숱하게 던졌다. 그리고 왜 외국의 시민들이 자신들이 와서 살고 있는 나라의 법률을 따르지 않는지를 이해할 수 없었다.

20 홋타가 조약의 승인을 받기 위해 쿄오토로 갔을 때, 이이 나오스케(井伊直弼)가 해리스를 만나 독단적으로 <일미수호통상조약>을 체결했다.

선동자들을 처형하다

홋타가 인망을 얻지 못한 것이 정부를 통제할 수 있는 기회를 내실에 제공했다. 그리고 그가 쿄오토에 머물고 있는 동안에 에도성의 여관들은 장래에 쇼오군을 선택할 때에 자신들과 뜻을 같이 할 사람을 타이로오(大老)로 뽑아 대체해두었다. 새로운 타이로오인 히코네(彦根)의 번주 이이 카몬(井伊掃部)[21]은 토쿠가와 전제 정치의 마지막 대표자였다. 1859년의 그 끔찍한 쿠데타[22]를 성공시킨 이가 바로 그였다. 내실이 선택해 그 정책을 대리하도록 했음에도 히코네 번주는 굴종적인 정신을 전혀 지니고 있지 않았다. 그는 구식의 충성스런 다이묘오였고, 그 주군의 바람을 관철시키기 위해서는 물불을 가리지 않을 각오가 되어 있었다. 토쿠가와 이에야스의 군대 내에서도 가장 위대했던 장수의 후예였으므로 그의 관습적인 충성심은 예부터 내려온 토쿠가와의 위세를 침해하는 쿄오토 조정과 다이묘오들에게 대항하게 했다. 그에게 있어 쇼오군직의 계승 문제는 순전히 토쿠가와 가문이 해결해야 할 가족 문제였고,

---

21 이이 나오스케(井伊直弼, 1815~1860)를 가리킨다. 히코네번의 15대 번주로서, 1858년에 타이로오가 되기 전에 천황의 승인을 받지 않고 <일미수호통상조약>을 조인하여 일본의 개국과 근대화를 단행했다. 강력한 권력을 행사해 국내의 반대세력을 숙청했지만, 그 반동으로 암살당했다. 카몬(掃部)은 율령제에서 궁내성(宮內省)에 속해 있던 영외관(令外官, 규정에 없는 신설의 관직)이다.

22 '안세이노 타이고쿠(安政の大獄)'라 불리는, 1858년에서 그 이듬해까지 이이 나오스케가 존왕양이파를 탄압한 사건을 가리킨다.

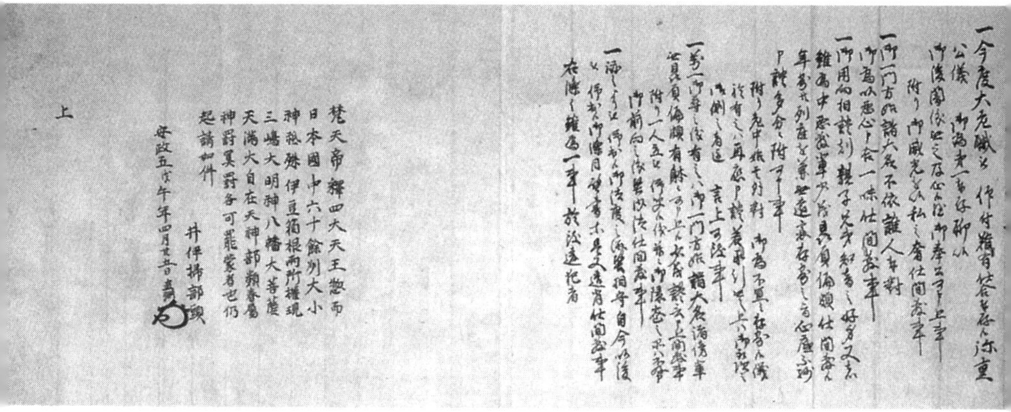

나오스케가 타이로오 직을 받고 스스로 쓴 맹세의 글

그것에 관한 한 다른 누구도 간섭할 권리가 없었다. 외국과 조약을 조인하는 일은 옛날부터 쇼오군에게 위임된 특권에 속했으므로 이 일에 관해서 궁정의 귀족들이나 다이묘오들과 협의하는 것은 잘못이었다. 국가가 위기를 겪고 있다는 사실을 그는 인지하고 있었다. 그러나 확고하게 결심을 한다면 토쿠가와 가문의 권력은 다시 한 번 철저하게 전제적인 통치를 할 수 있다고도 믿었다. 1858년 여름에 그를 불러들이라는 에도성의 여관들에게 재촉을 받아서 죽음 직전의 쇼오군이 그를 호출했을 때, 그는 이런 단호한 결심을 하고서 부름에 응한 것이었다.

타이로오라는 직책을 수락한 뒤에 히코네 번주가 첫 번째로 한 일은, 죽어가던 쇼오군이 선택했던 키슈우(紀州) 가문의 젊은 이에

모치(家茂)[23]가 다이묘오들의 후보자였던 미토(水戶)의 케이키(慶喜)를 대신한다고 선언한 것이었다. 후계자로 임명되었을 때 고작 열세 살이었던 이에모치는 토쿠가와 막부의 14대 쇼오군[24]으로서 1866년까지 통치했고, 그가 그 해에 죽었을 때 케이키가 그 뒤를 이었다. 히코네 번주의 두 번째 일은, 계승 문제와 관련해 앞장서서 반대를 주장한 이들에게 공공연히 치욕을 안겨주는 것이었다. 미토의 노공과 에치젠(越前)의 번주는 그 직책에서 물러나도록 강요당했고, 홋타 이하 아베(阿部) 일파의 사람들은 그 지위가 격하되었다. 그의 세 번째 일은, 천황의 바람을 완전히 무시하고 여러 서구 국가들과 통상 조약을 조인한 것이었다. 그의 조처에 대한 보고는 일반적인 경로를 통해 이루어졌다.

이러한 조처들, 특히 마지막 일은 본질적으로 국민의 정서에 반하는 허장성세로 비쳤다. 조신(朝臣)들은 토쿠가와 막부의 새 타이로오가 보여준 거만함에 대단히 분개했고, 이로 말미암아 쿄오토는 불만을 품은 다이묘오들이 보낸 밀사들이 [막부에] 대항할 음모를 꾸미고 계획을 세우기 위해 회합하는 중심지가 되었다. 미토의 번주는 토쿠가와 내각의 개혁을 위해서 다이묘오들의 회합을 소집하라는 천황의 조서를 받았다. 자신의 밀정을 통해서 이러한 과정

23 토쿠가와 이에모치(德川家茂, 1846~1866)다. 키슈우번(紀州藩)의 13대 번주로서, 에도 막부의 14대 쇼오군이 되었다. 에도 막부와 모오리씨(毛利氏)의 쵸오슈우번(長州藩) 사이에서 벌어진 전쟁에 나섰다가 오오사카성에서 병으로 죽었다.

24 원문에서는 "13대 쇼오군"이라 했는데, 이는 잘못이다.

전체를 주시하고 있었던 히코네 번주는 늦지 않게 행동했다. 1859년 봄, 훨씬 더 저명한 선동자들을 거의 50명이나 체포해 모반의 혐의를 씌워 참수하거나 투옥했다.[25] 모두 당대의 유명 인사들이었으며, 그들 가운데는 학자들, 시인들, 예술가들도 포함되어 있었다. 한 궁중 여관도 연좌되어 유배되었다. 쿠게(公家)에 속하는 많은 이들이 강제로 머리를 깎고 은둔해야 했다. 이 쿠데타가 초래한 가장 통탄할 일은 주목할 만한 많은 천재적 인사들을 잃음으로써 일본에 큰 손실이 되었다는 점이다. 참수를 당한 이들 가운데는 키도(木戸)[26]나 이토오공(伊藤公)[27]의 선구자이면서 고무자였던 쵸오슈우(長州)의 요시다 쇼오인,[28] 마치니[29] 같은 지성적 정치인으로서 그 죽음으로 말미암아 토쿠가와 정부가 멸망하게 되었다고 하는 에치

25 '안세이의 타이고쿠'라 불리는 에도 막부의 탄압 사건이다. 이 사건으로 막부는 크게 신뢰를 잃고 반막파(反幕派)의 존왕양이 활동을 격화시켜 끝내 막부가 멸망하기에 이르렀다고 한다.

26 키도 타카요시(木戸孝允, 1833~1877)를 가리킨다. 요시다 쇼오인의 제자로서, 사무라이요 정치가다. 존왕양이파의 중심인물이며, 사이고오 타카모리(西郷隆盛)·오오쿠보 토시미치(大久保利通)와 함께 메이지유신을 이끌어내 '유신의 삼걸(三傑)'로 일컬어진다.

27 이토오 히로부미(伊藤博文, 1841~1909)를 가리킨다. 이토오도 쵸오슈우번의 하급 사무라이 출신으로, 요시다 쇼오인의 제자가 되었다. 역시 존왕양이파에 가담했다.

28 요시다 쇼오인(吉田松蔭, 1830~1859) : 쵸오슈우번의 사무라이로, 사상가·교육자·군사학자다. 메이지유신의 정신적 지도자이자 이론가로 알려져 있다.

29 이탈리아의 혁명가이자 통일운동의 지도자인 주세페 마치니(Giuseppe Mazzini, 1805~1872)다. 가리발디와 카밀로 카보우르(Camillo Cavour)와 함께 이탈리아 통일운동의 3걸로 불린다.

젠(越前)의 하시모토 사나이[30]도 있었다. 우리의 가리발디[31]인 사츠마(薩摩)의 위대한 사이고오(西鄕)[32]는 히코네 타이로오의 손아귀에서 구사일생으로 벗어났다.

히코네 번주 암살 사건

이 돌연한 전제 정치의 전개가 잠시나마 국민의 정신을 억눌렀지만, 뒤따라온 침묵은 불길한 것이었다. 암살은 언제나 전제적 폭정의 그늘에 잠복해 있다. 1860년 늦은 봄, 눈이 무겁게 내리고 있었다. 가벼이 날리는 눈송이들은 떨어지는 벚꽃들과 뒤섞였다. 히코네 번주의 저택에서 에도성의 사쿠라다문(櫻田門)까지 이어진 길은 아주 황량했는데, 그때 이이 카몬과 그가 절대적으로 신뢰하던 수행원은 여느 아침처럼 쇼오군에게 신하로서 예를 표하기 위해 그 길을 지나가고 있었다. 그들은 갑자기 17명의 로오닌(浪人)들로부터 공격을 받았는데, 대부분 미토번의 로오닌들이었다. 히코네

30 하시모토 사나이(橋本左內, 1834~1859) : 후쿠이번(福井藩) 출신으로, 오오사카에서 의학을 배웠다. 번의 명으로 에도에서 공부하다가 사이고 타카모리 등을 만났다.

31 이탈리아의 혁명가 주세페 가리발디(Giuseppe Garibaldi, 1807~1882)를 가리킨다. 이탈리아 통일의 3대 영웅 가운데 한 명이다.

32 사이고오 타카모리(西鄕隆盛, 1828~1877) : 사츠마번의 무사 출신으로, 군인이면서 정치가다.

●

1860년에 일어난 '사쿠라다문의 변(1860)'을 묘사한 그림. 츠키오카 요시토시(月岡芳年, 1839~1892)의 1874년 작

는 호위 무사들이 칼을 뽑기도 전에 이미 거의 살해되었다. 가장 가까운 번에 가서 암살에 대해 해명해줄 동료 두셋을 남긴 채 암살자들은 자신들의 무기 위에 쓰러졌다.[33] 자신들의 행위는 국민의 자유를 위한 일격이었을 뿐, 사사로운 복수를 위한 행동이 아니었다는 게 그들의 해명이었다.

이 비극은 통탄할 일이었지만, 국가에는 유익한 결과를 가져다주었다. 다시 각성한 일본은 전제 정치를 강화하려는 어떠한 시도에 대해서도 극도로 저항할 것이라는 의지를 보여주었던 것이다.

---

33 일본 사무라이들이 영예롭게 여기던 '하라키리(腹切り)' 즉 할복을 했다는 말이다. 그러나 모두가 할복한 것은 아니고 습격한 자리에서 호위 무사에게 죽임을 당한 자도 있고 나중에 살해되거나 옥사한 자들도 있었다.

아마도 그러한 행위의 정당성은 무장이 해제된 애국심의 유일한 무기는 암살이라는 사실에서 찾을 수 있을 것이다. 어떠한 합법적인 항의도 토쿠가와 막부의 전제 정치가 휘두르는 강철 같은 권력 앞에서는 아무런 소용이 없었을 것이다. 토쿠가와 폭정의 얼음 같은 체계도 헌신적인 로오닌들의 뜨거운 피 아래에서는 사쿠라다의 눈처럼 녹아서 가뭇없이 사라졌다.

깊은 불안감이 온 국민을 사로잡았다. 그리고 완전한 왕정복고를 마음에 품은 자들에 의해서 대중의 상상력은 갖가지 방식으로 부추겨졌다. 쇼오군의 찬탈을 공공연하게 비난하는 벽보들이 보이지 않는 손들에 의해서 공공장소에 나붙었다. 토쿠가와 막부의 파멸을 예언하는 신비한 서판(書板)들이 천상에서 제국의 곳곳으로 내려왔다는 소문이 떠돌았다. 복면을 한 무리들이 관청의 우편 수송로에 매복해 있다가 정부의 세입 수송을 가로채서는 그 돈을 빈민들에게 나누어주었다. 수많은 사무라이들이 자기 번의 군주를 버리고 쿄오토에 모여서는 천황에게 봉사하기 위해 자신들의 칼을 쓰겠다고 했다. 로오닌들의 이런 행동은 막부에 대한 공개적인 폭거라기보다는 상징적인 시위라는 성격이 더 짙다. 그들이 취한 방식들 가운데서 한 가지 예를 들면 이렇다. 한 무리의 로오닌들이 아시카가(足利) 가문의 영묘(靈廟)에 들어가서 그 막부의 쇼오군들 열세 명의 조상(彫像)들의 목을 베어서는 그 머리들을 시죠오(四條) 다리 근처에 내걸었다. 이런 유치한 행동이 상징주의에 대한 그 동양적 애호와 더불어서 일본인들의 마음에 뜻밖의 영향을 끼쳤는데, 심지어는 대중의 격정을 환기시키는 데 있어서는 사쿠라다 사건보다 훨씬 더 효과적이었다. 그것은 암살에 대한 우리의 공포심을 덜어주었으나, 그럼에도 어떤 일에 대해서는 [암살이] 꽤 웅변적이라는 소름끼치는 설득력을 담고 있었다.

히코네 번주의 죽음 이후 토쿠가와의 내각은 상황에 맞게 대처해나갈 능력이 있는 타이로오를 더 이상 얻지 못했고, 또 대중에 영합하는 회유책은 나약함을 고백하는 것으로 해석되었다. 내각의 수석 로오쥬우(老中)로서 히코네 번주를 이은 안도오 츠시마노카미(安藤對馬守)[34]는 쿄오토 궁정을 설득시켜서 천황의 누이인 카즈노미야(和宮, 1846~1877) 공주를 쇼오군에게 시집보내게 했다. 이 정치적 혼인은 1861년에 화려하게 거행되었지만, 기존의 긴장을 완화시켜주지는 못했다. 토쿠가와 가문에 대한 대중의 반감은 황가의 신부에 대한 학대라는 가공의 이야기가 [나돌고 또] 기꺼이 믿어질 정도로 높아졌다. 타이로오는 그 전임자가 전제적인 정책을 펴면서 조정의 묵시적인 동의를 얻기 위한 인질로서 공주를 붙들고 갔다는 것으로도 비난을 받았다. 바로 그 이듬해에 그는 쇼오군의 성으로 가던 길에 로오닌들의 습격을 받았다. 그러나 암살자를 자처한 그들은 그의 생명을 뺏으려는 시도에서 성공하지 못했다. 뛰어난 검객이었던 안도오는 공격자들 가운데 두 명을 베었고, 그

34 안도오 노부마사(安藤信正, 1820~1871)를 가리킨다. 무츠노쿠니(陸奥国)의 이와키 타이라번(磐城平藩)의 5대 번주로서, 1860년에 로오쥬우(老中)가 되었다.

사이에 나머지는 그의 호위무사가 신속하게 처리했다.[35] 토쿠가와 막부의 타이로오들을 계속해서 습격한 이 사건들은 사태의 추이가 중대함을 나타내는 것이었고, 그리고 더 강력한 다이묘오들 40명이 쿄오토를 지키라는 칙명을 받았다. 황위는 다시 한 번 권위 있는 진정한 옥좌가 되었고, 에도성은 [막부의] 주요 가신들의 집에 지나지 않게 되었다. [토쿠가와의] 내각을 분쇄하려던 내실이 토쿠가와 정부 전체에 치명적 타격을 주었던 것이다.

35 1862년에 있었던 이 사건을 '사카시타문(坂下門) 밖의 변'이라 부른다.

7장

추이

7장 • 추이

8년간의 급속한 변화

1860년 히코네 번주의 죽음과 일본의 현재 천황 폐하가 정권을 쥔 1868년의 왕정복고 사이 8년은 기념할 만한 기간이었으니, 이때 국민은 급속하게 이어진 정치적 변화들을 왕성한 기운으로 수용했다. 변화를 상징하는 용의 정신은 새로운 이상을 추구하는 국민을 끊임없이 다그치고 있었다. 왕정복고에 뒤이은 분주한 몇 년조차 그 활기에서는 이 짧은 기간에 필적할 수 없었는데, 그것은 그 이후에 올 모든 움직임의 싹들이 압축된 시기였기 때문이다. 우리가 유럽사의 저 위대한 전환의 시기를 떠올려보면, 그 시기는 새로운 형식을 창조하기 위해서 형식이 무형식이 되었을 때였다. 우리는 이탈리아 르네상스의 창시자들처럼 새로운 것을 흡수하면서 동시에 오래된 것을 부흥시키는 이중의 문제를 풀어야만 했다. 폐해가 많았던 프랑스 혁명처럼 이상화(理想化)가 그토록 풍부했던 우리의 왕정복고는 그 열광자들이 넘칠 듯한 갈망으로 자기희생을 하려던 것으로 특징지어진다. 사무라이들이 자발적으로 자신들의 칼을 버린 것, 다이묘오가 자신의 영지를 버린 것, 그리고 쇼오군이 세습되던 직권을 버린 것은 바로 이 열렬한 애국심에서 기인한다.

왕정복고로 비롯된 소동은 쿄오토와 에도에 국한되지 않고 제국 전역에서 나타났다. 어디에서나 가족들끼리도 천황에 대한 충성이냐 쇼오군에 대한 충성이냐로 각기 의견이 나뉘어 아들은 아버지에게 대항하고 아우는 형과 맞섰다. 쿄오토는 음모의 본거지였으며 극단적인 견해들을 번식시키는 곳이었다. 실제로 왕정복고는 다이묘오들이 황족을 보호하기 위해 소집되었을 때 시작되었고, 그들이 쿄오토에 나타남으로써 강력해진 조정은 이제 쇼오군에게 복종하라는 명을 내리기 시작했다. 천황이 지고무상(至高無上)한 권위를 회복할 것이라는 데 대해서는 의문의 여지가 없었다. 왜냐하면 이는 일반적으로 달성하고자 바랐던 목적이었고, 이미 반쯤은 성취되었던 것이기 때문이다. 그러나 정부를 관리하는 방법에 관해서는 많은 견해들이 있었다. 각기 서로 다른 정치 체제를 대표하는 막번파[1]와 존왕파라는 두 거대한 정파가 옥좌 주위에 모

1 토쿠가와 막부의 정치 체제를 막번체제(幕藩體制)라 하는데, 쇼오군이 막부를 장악하고 그 아래 여러 다이묘오들이 각 번의 자치권을 행사하는 지배 체제다. 그러나 실질적으로는 막부가 다이묘오들을 철저하게 통제했다. 여기서 막번파는

여들었다. 이들이 번갈아서 주도권을 쥐었고, 마침내 둘은 합쳐져서 세 번째의 연립주의 정파가 되었다. 이것이 현재 행정조직의 토대가 되었다.

이들 서로 다른 정파들이 차례로 주도권을 잡으면서 계속 이어갔지만, 그 때문에 국민의 정치적 생활은 저 옛날의 형태로 되돌아가고 있었다. 이제 국제적 지위를 떠맡을 가능성이 우리 앞에 거대한 전망을 펼쳐놓은 지점에 우리는 이르렀다. 용은 그 최종적인 도약을 위해서 잔뜩 웅크리고 있었다. 일본이 갱생하기 전에 격세유전의 형태를 취해야 했던 것은 사회적 발생학의 한 진기한 사례다.

세 정파의 등장

최초의 두 정파 가운데서 막번파는 사츠마 번주의 통솔 아래에서 허다한 다이묘오들을 대표했다. 그들이 차지한 위치는 정치에서 일어나는 어떠한 갑작스런 변화도 기꺼이 받아들이지 못하게 방해했고, 그래서 그들은 쇼오군을 통제할 수 있는 그런 연합을 기대했다. 그들에게 이상적인 정치는 16세기 말기의 것이었으니, 그것은 토쿠가와 막부의 기초가 공고해지기 전, 새롭게 통일된 제국을 가장 유력한 다이묘오들 다섯 명으로 이루어진 평의회가 지배

막부와 다이묘오가 대등하게 협조하자는 입장을 주장한 이들을 가리킨다.

하던 그런 것이었다. 사실상 그들은 봉건시대의 부활을 바랐다. 그들의 외교 정책은 감내해야만 하는 일이었고, 그래서 막부와 마찬가지로 서양과의 통상관계가 불가피하다는 사실을 인정했다.

존왕파는 자신의 이상을 막번파보다 훨씬 더 역사를 거슬러 올라가서 찾았고, 봉건시대 이전에 존재했던 천황의 관료정치를 복원하려는 열망을 가졌다. 그것이 막부뿐만 아니라 다이묘오들의 번까지 폐지하려는 목적을 가진 한, 그 제안은 급진적이면서 혁명적인 것이었다. 막번파를 조직한 사람들은 쿠게(公家)들, 대대로 옥좌와 관련을 맺고 있었던 공경(公卿)들, 로오닌들, 신토가(神道家)들이었는데, 특히 신토가들의 열성은 아마테라스 오오미카미[2]의 후손에 대한 종교적 열정에 의해서 더욱 강렬해졌다. 토쿠가와 가문과 오래도록 몰래 반목해왔던 쵸오슈우번(長州藩)의 번주 역시 막번파의 계열에 합류했다. 이들 모두 천황을 위해 그 정열을 불살랐다. 그들에게 외교 정책이라고는 외국을 적으로 보는 것 외에는 달리 없었다. 이는 서양에 대한 증오심 때문이었다기보다는 천황의 바람과는 상관없이 외국인과 조약을 체결한 막부에 대한 분개심 때문이었다.

그 뒤에 등장한 연립주의자들은 진보적 사상가들이었는데, 그

2 아마테라스 오오미카미(天照大神) : 일본 신화 속 태양의 신이며 신토의 최고신으로, 일본 황실의 조상신으로 일컬어진다. 1889년에 공포하고 1890년에 시행한 일본제국헌법에서 천황의 지위는 아마테라스 오오미카미에서 시작된 만세일계(萬世一系)의 지위다.

●

1858년에 에도 막부는 미국·네델란드·러시아·영국·프랑스 등 5개국과 각각 불평등 조약을 맺었다. 이를 '안세이오개국조약(安政五國條約)'이라 한다. 사진은 조약 문서(위)와 안세이조약의 마지막인 일본-프랑스의 조약 조인 현장(아래)

들은 어떠한 대가를 치르더라도 일본의 통일은 이루어져야 한다고 또 우리가 거쳐야 할 위기는 국내 문제뿐만 아니라 국제 문제도 포함하고 있다고 생각했다. 모두 학문적 훈련을 받았는데, 대부분은 오오요오메이학파(王陽明學派)였다. 그들은 또 서양의 지식도 상당 부분 습득하고 소화했는데, 그것이 아베 이세노카미(阿部伊勢守)의 자유주의적 정책을 가능하게 했다. 그들은 토쿠가와 사무라이들 속에서도 발견되었는데, 고(故) 백작 카츠 아와(勝安房)[3]가 주목할 만한 사례다. 그렇지만 이 정파의 주력은 사츠마, 쵸오슈우, 토사(土佐) 등의 젊은 사무라이들이었으니, 그들의 충성심은 신일본(新日本)의 중추가 되었다. 그 생존자들은 지금 '원로 정치가'로서 깊은 존경을 받고 있다.

천황을 숭배하는 일에서 누구에게도 뒤지지 않는 연립주의자들은 천황의 통치권을 완전히 회복하는 데에 힘썼다. 그러나 그들의 행정 이론은 고대 중국의 민주주의적 이상으로 돌아가는 것이어서 다른 주의자들보다는 훨씬 더 고대까지 거슬러 올라갔다. 이상화된 공자의 나라에서는 모든 사람이 평등했고, 조정의 수장은 그 혈통 때문이 아니라 그 개인의 공명정대함 덕분에 통치를 맡았다. 원로들의 평의회를 통해 지혜를 구했고, 다양한 방식으로 백

3 카츠 카이슈우(勝海舟, 1823~1899)로 알려져 있는 에도 말기의 사무라이이면서 메이지 초기의 정치가. 메이지유신 후에 이름을 '아와'로 고쳤다. 1868년 메이지유신 정부와 구 막부(舊幕府) 사이에서 벌어진 전쟁에서 조기 정전(停戰)과 에도성 무혈개성(江戶城無血開城, 에도성은 전투 없이 문을 열 것)을 주장해 실현시켰다.

성들의 의견을 듣고 참조했다. 적의 침략이 있으면 모든 사람이 무기를 들어야 했다. 그러나 전쟁이 끝나자마자 칼은 다시 녹아 보습이 되고 태평한 시절의 일들도 다시 시작되었다. 유럽과 미국의 공화국은 우리나라 학자들이 처음에 이해했던 것처럼 기묘하게도 중국의 황금시대를 연상시켰다. 연립주의의 지도자로 유명한 사쿠마 쇼오잔[4]은 자신의 편지글에서 "야만인들 속에서 고대 현자들의 법이 보존된 것은 경이로운 일이다!"라고 쓰고 있다. 서양 정치학의 더 어두운 면에 대해서 미처 교육받지 못한 그들은 그들의 이상을 실현한 것으로 보였던 근대 [서양의] 여러 국민들이 성취한 일들에 도취되어 있었다. 그들은 조지 워싱턴(George Washington)에게서 자기 왕국에서 가장 유능한 이에게 왕좌를 양위한 중국의 요(堯) 임금을 보았다. 경이는 지식의 어머니다. 주(周) 왕조의 법전에 보여준 것과 똑같은 존경심을 가지고 국제법에 대한 [서양의] 논문들을 읽었다. 정치에서 삼위일체론을 주창한 몽테스키외가 『맹자(孟子)』처럼 갈채를 받았다. 연립주의자들은 서양을 전혀 경멸하지 않고 스스로 그 발아래에 무릎을 꿇었다. 그들의 마음을 사로잡은 것은 그들이 알아낸 것의 신기함이 아니라 유사성이었다. 사쿠마

4 사쿠마 쇼오잔(佐久間象山, 1811~1864) : 일본의 사무라이이며, 병학자(兵學者)이자 사상가. 젊을 때 수학을 배우면서 서양 학문을 흡수했다. 1864년에 토쿠가와 막부의 마지막 쇼오군인 도쿠가와 요시노부(德川慶喜)에게 초대되어서 그에게 공무합체론(公武合體論, 쿠게와 쇼오군이 결합해야 한다는 논리)과 개국론을 전했는데, 그로 말미암아 존왕양이파들에 의해 암살되었다.

●
서양식 복장을 한 막부 군대의 행진(1864년, 위)과 육군(1865, 아래)

쇼오잔은 모든 학과에 유럽인 교사들을 채용하자고 당국에 건의했다. 그는 유럽의 의상을 착용한 최초의 일본인이기도 했다.

내친걸음에 언급하자면, 이런 복장의 특이성은 상징주의에 대한 애호로 말미암아 발동된 것이라 말할 수 있다. 쇠퇴기에 접어든 동양의 족쇄를 벗어버리고 그 자신을 서양 문명의 진보와 동일시하려는 것은 진보론자 쪽에서는 갈망의 표현이었다. 우리의 키모노(着物)는 안일함을 뜻하는 반면에 유럽의 정장은 활동을 의미했으며, 그 정장은 혁명의 프랑스에서 썼던 빨간 모자처럼 진보적인 군대의 제복이 되었다. 요즘에야 복고적인 움직임이 일어나서 진보파 사람들도 일반적으로 고유한 복장을 더 많이 하고 있지만. 상류층 부인들 가운데도 궁정에서 외에 유럽식 복장을 즐겨 하는 이는 거의 없다.

사쿠마 쇼오잔은 외국에 대한 편향 때문에 비싼 대가를 치렀다. 1866년에 그는 존왕양이파의 로오닌들에 의해 쿄오토에서 암살당했던 것이다. 그런데 보수파가 반대했음에도 시간이 흐름에 따라 서양의 지식은 더욱더 추구되었고, 이제는 우리 국민의 교양에 있어 고유한 한 부분이 되었다. 그러나 외국의 지식을 습득하려는 근본적인 움직임은 역사적 정신에 의해서 촉진되었던 것임을 기억해야 한다. 만약 접촉할 수 있는 공통점이 없었다면, 우리와 같은 동양인은 결코 우리가 했던 것처럼 그렇게 열의를 가지고 서양의 이상을 받아들이지 못했을 것이다.

•

쇼오잔이 암살당한 현장에 세워진 '사쿠마쇼오잔 조난비(遭難碑)'(위)와 기온신사(祇園神社)로도 불리는 야사카신사(八坂神社)의 정문(아래). 1864년 8월 12일에 쇼오잔은 암살되었다. 그 이튿날 기온신사의 정문에 "그는 극악무도한 반역자이므로 우리는 그를 정당하게 처형했다"는 내용의 글이 붙었다.

막번파

위에서 언급했던 세 정파 가운데서 막번파가 처음에는 우세했다. 1862년, 두 명의 칙사가 사츠마와 토사(土佐) 두 번의 주군들에게 호위를 받으며 코오토를 출발해 에도로 향했다.[5] 그들은 쇼오군의 정부 내 고위직을 어떤 강력한 다이묘오들에게 주라는, 그리고 또 4대 쇼오군 이래로 소홀히 했던 의식 곧 쇼오군이 왕위에 개인적 경의를 표하도록 명령하는, 쇼오군에게 전할 칙서들을 휴대하고 있었다. 이제 토쿠가와 가문은 이를 거절할 힘이 전혀 없었다. 그리고 이 명령의 결과로 케이키공(慶喜公)은 쇼오군의 주요한 고문이 되었고, 나베시마(鍋島)의 번주가 그 후견인이 되었으며, 에치젠(越前)의 번주는 내각의 총리대신이 되었고, 아와(阿波)의 번주는 군사령관이 되었다. 새 내각이 최초로 취한 조치는 토쿠가와 체제의 일부로서 아주 중요한 자리를 차지하고 있던 관례 즉 다이묘오들이 에도에 인질을 남겨두고 그들 자신들은 정기적으로 쇼오군을 찾아가서 경의를 표해야 한다는 관습[6]을 폐지한 일이었다. 그들의

5 두 칙사는 시마즈 히사미츠(島津久光, 1817~1887)와 오오하라 시게토미(大原重德, 1801~1879)다. 두 칙사는 맡은 일을 성공시켰는데, 이를 두고 '분큐(文久)의 개혁'이라 부른다. 분큐는 1861년부터 1864년까지 사용한 연호다.

6 산킨코오타이(參勤交代)를 가리킨다. 이는 토쿠가와 막부에서 시행한 제도로, "다이묘오(大名)·쇼오묘오(小名)가 교대로 에도에 주재하는 것을 정하니, 매년 여름 4월 중에 참근해야 한다"(『신부케쇼핫토』 제2조)라는 규정에 따라 다이묘오를

●
산킨코오타이는 다이묘오들에게 족쇄 구실을 했다. 사진은 그 행렬도의 일부다.

또 다른 개혁은 쿄오토에 있는 토쿠가와의 수비대를 막번파 다이묘오의 명령을 받는 부대로 교체한 일이었다. 이 자리에 선정된 이는 아이즈(會津)의 번주였는데, 그는 나중에 다른 다이묘오들 대부분이 연립주의 정파에 참가한 뒤에도 막번 정책의 옹호자로서 눈에 띄었다.

이러한 개혁을 실행한 것 외에는 막번파가 성취한 일은 거의 없다. 토쿠가와 막부의 지배를 유지하면서 동시에 급격한 변화를 꾀한 그들은 곧바로 딜레마에 빠졌다. 그러는 동안에 다이묘오들 사이에서는 쩨쩨한 시샘들과 불화가 싹트기 시작했다. 다이묘오들을 제어할 수 있었을 단 한 사람인 사츠마의 번주는 영국인과 사이

1년 단위로 그 영지에서 에도까지 왕복하도록 한 것이다. 이는 다이묘오들에게 이중생활을 하게 함으로써 경제적 부담을 가중시켜 세력을 약화시키는 구실을 했다.

에서 일어난 말썽 때문에 자기 영지로 돌아가지 않으면 안 되었다. 1863년의 봄 즈음에 막번파는 완전히 분열되었고, 그 전해에 취임한 다이묘오들 가운데서 케이키공과 아이즈의 번주를 제외한 나머지는 모두 사임했다.

존왕파

한편 존왕파는 전변하는 형국에 대해 걱정하기 시작했다. 그들에게 다이묘오들은 천황에 대한 충성심이 결여된 것으로 보였다. 그들은 토쿠가와 가문을 밀어내려 애쓰고 있는 사츠마번도 의심했다. 외국인들에게 사근사근하게 구는 막번파의 태도는 칙명을 무시하는 것으로 보였으므로 그들의 비위를 거슬렀다. 막번파의 분열은 이제 존왕파가 정권을 쥘 수 있는 기회를 제공했다. 1863년 4월에 그들은 항구를 봉쇄하고 외국인들을 추방하라는 칙허를 얻었는데, 토쿠가와 막부는 그 조처에 대한 재가를 거절했고 다이묘오들은 그것을 심각하게 받아들이지 않았다. 그러나 존왕파는 그런 퇴짜에도 굴하지 않았으니, 쵸오슈우의 번주는 바칸(馬關) 해협을 거쳐서 자기 영토의 해안을 지나가던 외국의 선박에 불을 지름으로써 토쿠가와 막부에 대한 그의 경멸을 보여주었다.

이런 경솔한 행위는 막번파의 반발을 불렀고 그들의 재통합을 부추겼다. 쿠게(公家)의 젊은이 일곱 명이 반외세 운동에 대한 칙허를 비밀리에 얻어내려 한 것으로 고발되었는데, 그들은 목숨을 건지기 위해서 어쩔 수 없이 도망해야만 했다. 동시에 쵸오슈우번의 사무라이들과 로오닌들은 쿄오토에 들어서는 게 금지되었다. 그들은 천황에게 직접 호소하기 위해서 궁문을 지키던 막번파의 호위병들을 불시에 습격했으나, 커다란 손실을 입고 물러났다. 국내의 서로 다른 세 곳에서 시도된 폭동은 실패로 끝났고, 존왕파 전체는 쵸오슈우로 도피하지 않을 수 없었다. 오와리와 에치젠의 번주들이 이끈 연합군은 신속하게 도망자들을 포위하여 쵸오슈우의 번주에게 그 죄과의 보상으로 주요한 가신 세 사람을 처형하라고 압박했다. 그 동안에 번주는 사찰에 칩거하여 그 다음의 명을 기다려야 했다. 오와리와 에치젠의 번주들은 더 이상의 처벌을 가하고 싶지 않았으며, 공격한 군대도 곧바로 철수했다. 아이즈의 번주는 비교적 경미한 이런 응징에 대해 만족하지 못하고 쇼오군에게 쵸오슈

●

1864년 8월에 칸몬 해협(關門海峽, 시모노세키시와 키타큐슈시 사이의 해협)에서 영국·프랑스·네델란드·미국 등 네 열강의 연합국과 쵸오슈우번 사이에 일어난 무력 충돌을 묘사한 그림. 이 충돌을 '바칸전쟁(馬關戰爭)'이라 부른다.

●

쵸오슈우 정벌의 빌미가 된 '킨몬(禁門)의 변'(1864)을 그린 그림. 킨몬의 변은 1863년에 쿄오토에서 추방당했던 쵸우슈우번 세력이 아이즈번의 번주와 그 세력을 노리고 군사를 일으킨 사건이다.

우에 대한 2차 정벌을 몸소 지휘하라고 설득했다.

연립주의자들

연립주의 정파가 형성된 것은 바로 이때였다. 외국과의 충돌이 언제 벌어질지 모르는 때에 온 나라가 내부의 분쟁에 휘말려드는 것은 자살행위나 다름이 없다는 게 그들의 생각이었다. 제2차 쵸오슈우 정벌이 만약 성공한다면 토쿠가와 막부는 권력을 회복하게 될 것인데, 그것은 막번파나 존왕파 어느 쪽도 바라지 않는 일이었다. 토사(土佐)의 번주가 나서서 경쟁적인 사츠마와 쵸오슈우 두 번의 지도자들을 화해시키는 데 성공했다. 이들 세 다이묘오들은 은밀하게 삼자동맹을 맺었다.

토쿠가와의 군대는 막번파 다이묘오들의 지지도 없이 제2차 쵸오슈우 정벌을 위해 에도를 출발했지만, 아이즈의 번주를 제외한 대부분[의 번주들]은 이미 연립주의자들의 영향을 받고 있었으므로 이 원정을 명목상으로만 조력했다. 16세기에 피비린내 나는 전투들에서 파죽지세의 승리를 가져다주었던, 토쿠가와 가문에서 세습되던 표장인 이에야스의 '황금 부채'는 마침내 패배에 직면하게 되었다. 모든 면에서 기선을 제압당한 토쿠가와의 군대는 쵸오슈우의 결사적인 병사들에 대항할 수가 없었으므로 굴욕적인 퇴각을 하지 않을 수 없었다. 토쿠가와 가문이 이런 일로 골머리를 썩고

●
1864년의 1차 쵸오슈우 정벌에 이은 1866년 2차 정벌의 작전 지도

있을 때, 엎친 데 덮친 격으로 1866년 겨울에 쇼오군이 죽었고, 바로 이어서 금상(今上) 천황의 아버지인 코오메이(孝明)[7] 천황이 세상을 떠났다. 이 사건은 토쿠가와 막부에 정전 협정을 맺을 구실을 제공해주었으나, 실질적으로는 쵸오슈우의 번주에게 승리를 가져다준 것이었다. 쵸오슈우에 도피하고 있었던 일곱 명의 궁정 귀족들은 돌아와도 좋다는 허락을 받았고 또 이전의 지위를 회복했다. 바로 이즈음에 서구 국가들에 유학을 갔던 이토오(伊藤)[8] 후작과 다른 학생들이 해외에서 돌아왔고, 그들은 자신들이 습득한 지식들 덕분에 연립주의 지도자들로부터 환영을 받았다. 이제 연립주의 정파는 건설적인 진보와 입헌정치라는 이상(理想)을 제대로 갖추게 되었다.

마지막 쇼오군

이전에는 쇼오군직의 후보자였고 나중에는 쇼오군의 조언자였던 케이키공은 그때 마지막 쇼오군이 되기 위해 부름을 받았지

7 코오메이(孝明, 1831~1866) : 1846~1866년 재위. 양이(攘夷)의 입장을 견지하면서 해안 방위를 엄중하게 하라는 칙명을 막부에 내리면서 시종일관 양이를 추진했지만, 공무합체론(公武合體論)의 입장에서 막부를 토벌하자는 데에는 반대했다. 결국 카즈노미야(和宮)를 쇼오군에게 시집보냄으로써 존왕양이파를 자극했다.

8 이토오 히로부미(伊藤博文)를 가리킨다.

●
케이키공의 모습(1866년). 1867년에 쇼오군이 되어 토쿠가와
요시노부(德川慶喜)라 불리었으나, 타이세이호오칸(大政奉還)으로
권력을 천황에게 물려주면서 마지막 쇼오군이 되었다.

만, 자신의 능력을 입증할 기회를 가지기에는 이미 너무 많은 시간이 흘러버린 뒤였다. 그는 부친 미토공(水戶公)이 주입한 행동지침을 충실하게 따르며 천황에 대해 지극하게 헌신했다. 그리고 허우적거리는 자기 가문의 운명을 유지하려고 더욱더 애써봐야 헛된 짓임을 확신했다. 그러했으므로 그에게 [쇼오군의] 칭호를 버리고 전권을 [천황의] 옥좌에 반환하라고 설득할 필요가 전혀 없었다. 사실상 그는 자신도 모르게 마음속 깊이 철저한 연립주의자가 되어 있었다. 그가 가장 신뢰한 조언자인 고 카츠 아와(勝安房) 백작은 연립주의 지도자 가운데 한 사람이었다. 비록 그의 나머지 가신들과 다이묘오들은 아이즈의 번주처럼 가장 단호한 막번파였지만 말이다. 1867년 가을에 토사의 번주가 사절들을 보내 그에게 사직을 재촉했을 때, 그는 사절들을 기다리게 한 뒤 곧바로 저 잊을 수 없는 문서를 작성했다.[9] 그 문서에서 그는 거의 3백 년 동안 자신의 가문이 맡았던 모든 권력을 포기한다고 썼다.

아이즈의 번주와 토쿠가와 막부의 몇몇 사무라이들은 이 갑작스런 쇼오군직의 양도에 항의했고, 오오사카 및 북쪽 지방에서 반란을 일으켰다. 그러나 지도자 곧 쇼오군을 잃은 그들은 사츠마의 위대한 사이고(西鄉)와 쵸오슈우의 오오무라(大村)가 함께 지휘하는 연립주의 정파의 군대에 효과적으로 저항할 수 없었다. 그 이듬

9 이른바 '타이세이호오칸 상표문(大政奉還上表文)'이다. 이 문서를 통해 케이키공 즉 토쿠가와 요시노부는 15대 쇼오군으로서 메이지 천황에게 통치권을 반납한다고 선언했다. 이로써 왕정복고가 이루어졌다.

●

1867년 10월 13일, 니죠오성(二條城)에서 쇼오군이 다이묘오들을 소집해 타이세이호오칸(大政奉還)을 알린 사실을 그린 그림. 무라타 탄료오(邨田丹陵, 1872~1940)가 1935년에 그렸다.

해, 몇 차례의 필사적인 전투를 거친 뒤에 그들은 모두 항복하지 않을 수 없었다.[10] 일본은 다시 한 번 천황의 군사적 권능에 굴복했다. 왕정복고가 완성되었다.

10 아이즈번을 비롯한 여러 번들이 메이지유신에 반대해 권력의 반환을 요구하며 일으킨 전쟁으로, 보신전쟁(戊辰戰爭, 1868~1869)이라 부른다.

8장 ● 복고와 유신

8장 ● 복고와 유신

복고는 본질적으로 회귀다

왕정복고는 동시에 유신(維新)[1]이었다. 세계의 드넓은 무대에서 우리가 설 곳을 마련하기 위해 아시아적 은둔에서 빠져나온 이상, 우리는 서양이 우리의 진보를 위해 제공한 많은 것들을 흡수하고 동시에 동양의 고전적 이상을 부활시켜야만 했다. 유신의 개념은 1868년에 천황이 발포한 선언문[2]에 명확하게 표현되어 있는데,

---

1 이 '유신(維新)'은 일본에서 개혁이 갖는 의미, 일본에 과연 혁명이나 진정한 개혁이 존재했는가 하는 문제를 새롭게 인식하도록 해준다. 분명한 것은 결코 혁명이 아니었다는 점이고, 텐신 또한 그 점을 알고 있었던 듯하다. 원문에서 '레볼루션(Revolution)'이 아니라 '리포메이션(Reformation)'이라 쓰고 있기 때문이다.

2 1868년 3월 14일에 발포된 <고카죠오노고세이몬(五箇條御誓文)>을 가리킨다. 천지신명에게 서약하는 형식으로 쓴 이 맹세문에 메이지 정부의 기본방침이 담겨

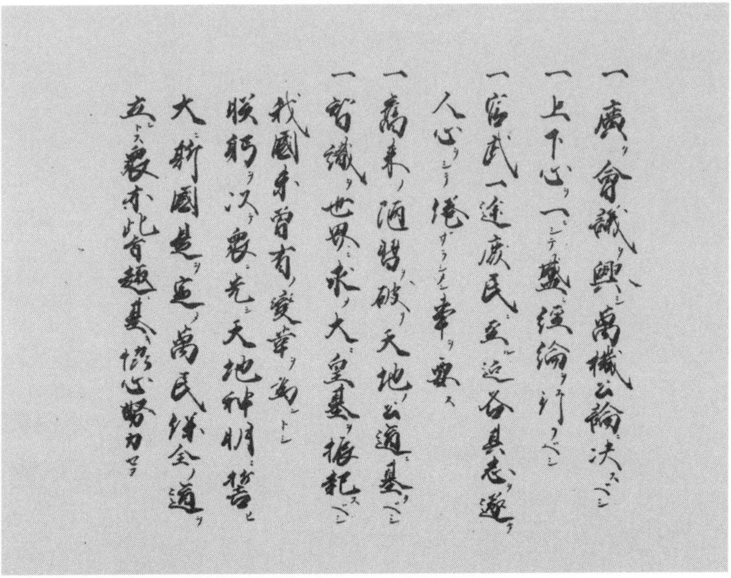
一 廣ク會議ヲ興シ萬機公論ニ決スヘシ
一 上下心ヲ一ニシテ盛ニ經綸ヲ行フヘシ
一 官武一途庶民ニ至ル迄各其志ヲ遂ケ人心ヲシテ倦マサラシメン事ヲ要ス
一 舊來ノ陋習ヲ破リ天地ノ公道ニ基クヘシ
一 智識ヲ世界ニ求メ大ニ皇基ヲ振起スヘシ
我國未曾有ノ變革ヲ爲ントシ朕躬ヲ以テ衆ニ先ンシ天地神明ニ誓ヒ大ニ斯國是ヲ定メ萬民保全ノ道ヲ立ントス衆亦此旨趣ニ基キ協心努力セヨ

●
1868년 3월 14일, 메이지 천황이 발포한 <고카죠오노고세이몬(五箇條御誓文)> 원본. 타카히토친왕(幟仁親王, 1812~1886)이 썼다.

거기에서 지금의 폐하는 즉위한 이후로 국민의 의무는 보편적 인도주의라는 광대한 견지에서 고려되어야 한다고 말했다.

말 그대로 우리[일본]의 왕정복고는 본질적으로 하나의 회귀였다. 정부는 7백 년 이상이나 지속된 봉건제도가 일어나기 전에 존재했던 천황 중심의 관료제 형태를 다시 한 번 취했다. 새로운 정부

있다.

가 취한 첫 번째 조치는 이전의 명명법과 함께 옛날의 관직들을 모두 복구하는 일이었고, 동시에 아주 오랫동안 잊혔던 기능들과 의례들을 부활시키고 신토(神道)를 황실의 종교로 선포하는 일이었다. 사후의 영예가 마사시게(正成)에게 주어졌던 것처럼 이전에 쇼오군이 통치하는 동안에 황실을 위해서 봉사했던 충신들에게도 주어졌고, 그들의 자손들 가운데 많은 이들이 작위를 받았다.

자유와 평등과 함께 재생된 과거의 조건들

그런데 과거의 조건들을 재생한 일은 자유와 평등이라는 새로운 정신과 잘 어우러졌다. 미카도[천황]는 신토를 황실의 종교라고 선언함과 동시에 온 국민에게 신앙의 자유를 허락했다. 그리고 기독교는 17세기 제수이트파의 반란 이후에 가해졌던 금제에서 풀려났다. 귀족과 사무라이, 평민들 사이의 신분 차별은 명목상으로만 유지되었고, 다이묘오들과 쿠게(公家)에게는 고대 중국의 5등급 작위[3] 제도에 입각해 이름뿐인 작위가 주어졌다. 그리하여 새로운 귀족제라 할 것이 만들어졌다. 그렇지만 모든 신분적 특권은 폐지되었고, 위로 공작과 후작에서 아래로 멸시받던 (오늘날 '새로운 평민'

3 공(公)·후(侯)·백(伯)·자(子)·남(男) 등 다섯 등급의 작위를 가리킨다. 1905년에 을사늑약을 체결하는 데 찬성한 을사오적(乙巳五賊)도 모두 일본 황실로부터 작위를 받았다.

이라는 이름으로 불리는) '에타(穢多)'[4]까지 모두 법률상으로는 평등해졌으며, 동시에 공무원 임용 시험도 모든 이들에게 개방되었다. 유신을 이끌었던 사람들의 목적은 토쿠가와 막부 때에 경직되었던 사회 생활의 여러 지층을 융화시킬 수 있도록 온 국민이 영광스런 왕정복고에 참여하게 하는 일이었다. 국민들이 현대 생활의 문제에 대응할 수 있도록 준비시키는 일에는 네 가지 노선이 있었다. 첫째는 입헌정치, 둘째는 교양 교육, 셋째는 국민개병제, 넷째는 여성의 지위 향상이었다.

일본에서 성공한 입헌정치

입헌정치는 동양의 여러 국민들에게는 실행불가능한 것으로 간주되어왔으며, 터키에서 그것은 슬프게도 실패작이었다. 그러나 우리나라에서는 최초의 의회 소집이 있은 뒤로 그 원리와 법령이 꽤 잘 실행되었기 때문에 시험적인 시기는 지나갔으며 입헌정치는 우리의 정치적 의식에 내재된 한 부분이 되었다고 확실히 단언할 수 있었다. 우리가 이따금씩 소란스런 논쟁이나 분열을 일으켰을지도 모르지만, 이는 서양의 국회 활동에서도 볼 수 있었던 양상이다. 그러나 외국과의 분규로 위협을 받을 때마다 모든 당파들

4 사농공상(士農工商)에 포함되지 않았던 최하층의 사람들

●
1875년에 설치된 최상심급의 재판소인 대심원 건물

은 하나같이 합동하여 내각을 옹호했다. 새 제도의 성공적인 작동이 부분적으로는 이전 제도의 행정에서 잘 나타났던 자치의 고유한 힘에 의한 것이었음은 의심의 여지가 없다. 그리고 또 일부는 국민이 자치의 책무를 다하기 위해 오래도록 준비를 해왔다는 사실에 있다.

1867년에 쇼오군이 자신의 직위에서 물러나자마자 연립주의자들의 내각은 두 가지 평의회를 만들어냈는데, 하나는 지도적인 다이묘오들과 쿠게들로 구성되었고, 다른 하나는 여러 번에서 대표로 나온 사무라이들로 구성되었다. 지금의 천황 폐하는 1868년에 즉위하여 왕정복고를 선포했을 때, 중요한 국사는 여론에 의해 결정되어야 한다는 취지에서 국회의 설립도 선언했다. 1875년에 원로원이 설치되었다. 이에 대해 내각에서는 심사숙고한 법률 제정안을 제출해야만 했고, 이에 이어서 곧바로 대심원(大審院)이 설립되었다. 이리하여 입헌정치의 실행에 필요한 세 가지 주요 요소들 곧 행정부와 입법부, 사법부가 개시되었다.[5]

1879년에 원로원은 각 지방의 현에 의회를 두는 데 대한 법률을 의결했는데, 이 의회에서는 납세자들이 뽑은 대표자들이 그 지방의 세출과 과세를 결정해야 했다. 1881년에는 헌법이 1890년에 발효될 것이라는 칙령이 내렸고, 그에 따라서 그해 2월에 정식으로 공

5 천황이 이끄는 정부가 행정을, 의회가 입법을, 대심원이 사법을 각기 맡았다는 말이다.

●

귀족원 회의장 내의 옥좌(1910년, 위)와 1890년의 귀족원과 메이지 천황 모습(아래). 1890년에 설치된 일본의 제국의회는 귀족원(貴族院, 상원)과 중의원(衆議院, 하원)으로 구성되었다.

표되었다. 우리의 의회는 중의원(衆議院)과 귀족원(貴族院)으로 구성되었으며, 후자는 1875년에 설립된 원로원의 후신이었다. 중요한 것은 우리의 헌법이 천황의 자발적인 선물이었다는 점인데, 이는 유럽의 몇몇 국가들에서 일어난 일처럼 국민이 군주에게 강요한 그런 것이 아니다. 동양의 전통과 일치하는 우리의 민주정치는 자연스럽게 생긴 부가물이지 돌발적으로 분출한 것이 아니다.

교육

국민을 교육시키는 문제는 1868년의 선언문에서 두드러진 부분이었는데, 천황은 전 세계의 모든 원천에서 지식을 습득하라고 명했다.[6] 이미 언급했듯이 토쿠가와 시대에는 평민을 위한 초급 학교[테라코야]가 있었고 상위 계층을 위해서는 학숙(學塾)이 존재했었다. 이제는 그것들이 체계적으로 조직되어서 새로운 환경에 걸맞은 의무들을 이행하는 데 필요한 지식을 국민들에게 제공해줄 수 있었다. 초등교육은 6세 이상의 모든 소년들과 소녀들에게 의무가 되었고, 이에 필요한 교사들을 공급하기 위해서 각 지방마다 사범학교를 설립했다.

6 일본에서는 1872년에 학제(學制)가 공포되었고, 1886년에 소학교령(小學校令)과 제국대학령(帝國大學令)이 발포된 결과, 전국에 학교가 설립되었다.

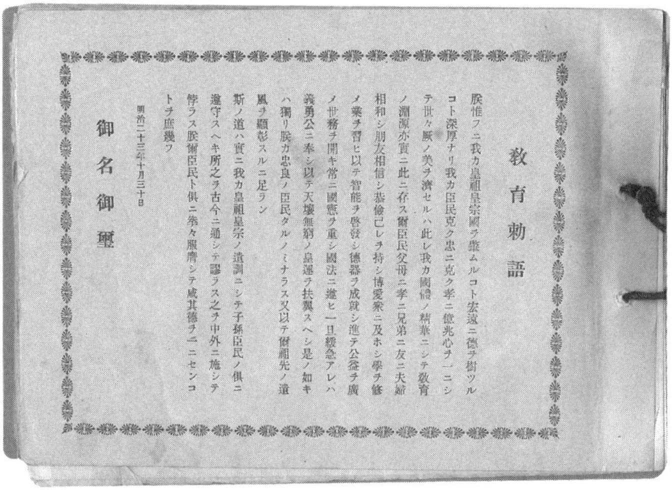
教育勅語

朕惟フニ我カ皇祖皇宗國ヲ肇ムルコト宏遠ニ德ヲ樹ツルコト深厚ナリ我カ臣民克ク忠ニ克ク孝ニ億兆心ヲ一ニシテ世々厥ノ美ヲ濟セルハ此レ我カ國體ノ精華ニシテ教育ノ淵源亦實ニ此ニ存ス爾臣民父母ニ孝ニ兄弟ニ友ニ夫婦相和シ朋友相信シ恭儉己レヲ持シ博愛衆ニ及ホシ學ヲ修メ業ヲ習ヒ以テ智能ヲ啓發シ德器ヲ成就シ進テ公益ヲ廣メ世務ヲ開キ常ニ國憲ヲ重シ國法ニ遵ヒ一旦緩急アレハ義勇公ニ奉シ以テ天壤無窮ノ皇運ヲ扶翼スヘシ是ノ如キハ獨リ朕カ忠良ノ臣民タルノミナラス又以テ爾祖先ノ遺風ヲ顯彰スルニ足ラン

斯ノ道ハ實ニ我カ皇祖皇宗ノ遺訓ニシテ子孫臣民ノ倶ニ遵守スヘキ所之ヲ古今ニ通シテ謬ラス之ヲ中外ニ施シテ悖ラス朕爾臣民ト倶ニ拳々服膺シテ咸其德ヲ一ニセンコトヲ庶幾フ

明治二十三年十月三十日

御名御璽

●
1890년에 메이지 천황이 발표한 <교육칙어(敎育勅語)> 본문. 1968년 대한민국에서 발표된 <국민교육헌장>은 이 <교육칙어>를 본받았다고 해도 과언이 아니다.

오늘날 우리의 교육 제도를 보면, 소학교 바로 위에 중학교가 있어 거기에서 교양 교육이 이루어지며 학생들은 고등학교에 들어가기 위한 준비를 한다. 또한 해군이나 육군, 농업, 공업, 상업 또는 미술 공예 등을 지망하는 이들을 위한 전문학교도 있다. 한편, 제국대학은 법률, 문학, 의학, 공학, 자연과학 등 각 분과 대학을 포함하고 있다. 여성 교육은 동양의 관습에 따라서 분리되기는 했지만, 그럼에도 소홀히 하지 않았다. 몇 년 전에 여자대학이 토오쿄오에서 개교했다.

유럽의 언어들 가운데 하나를 학습하는 일이 소학교를 제외한 모든 학교에서 강제되었는데, 일반적으로 요구된 것은 영어였다. 그 언어들을 가르칠 수 있도록 많은 미국인들과 유럽인들이 채용되었고, 수천 명의 젊은 남녀들이 자비로 또는 정부의 지원금을 받아 해외에서 공부하고 있다. 서양 학문을 습득하려는 우리의 열망은 수많은 우리 젊은이들을 자극하여 외국에서 비천한 일을 찾아서 하도록 만들었다. 고용살이, 그것은 유교적 관념에 따르면 모욕적으로 여겨지지 않는 일이다. 새로운 세대에게 주어진 윤리적 훈련은 과거의 가르침에 기초한 것이다. 수신을 위한 국민적 법전을 공식적으로 제시한 교육칙어(教育勅語)는 윤리의 보편적 원칙을 개괄한 뒤에 다음의 말로 끝맺고 있다. "이 도는 우리 황조(皇祖)의 유훈으로서, 그대들의 선조들이 따랐던 길이다." 우리가 새롭게 습득한 지식의 열매들이 천황을 향한 열정적인 헌신 속에서 모두 신성화되었다는 사실은 굳이 덧붙일 필요가 없으리라.

평민을 사무라이로 변화시킨 병역 제도

우리의 병역 제도가 국민의 충성심을 강화하는 데 있어 다른 어떤 요소들보다 더 강력한 것임이 입증되었다. 사실 그것은 평민을 사무라이로 탈바꿈시켰다. 일본에서 징병은 봉건 제도가 나타나기 훨씬 전에 행해졌다. 다만 1870년에 독일과 프랑스의 전선(戰

●
1871년부터 1873년까지 미국과 유럽 여러 나라에 파견된 이와쿠라 사절단(岩倉使節團)을 따라 미국 유학에 나섰던 여학생들. 이들은 일본 여성교육의 선구자들이었다.

線)[7]에서 부활하여 실행되었을 뿐이다. 현재의 제도에 따르면, 20세인 남자들은 모두 징집되어 군복을 입고 3년 동안 복무해야 하며, 그 뒤에는 1차 예비군과 2차 예비군으로서 각각 5년씩 복무해야 한다. 극도의 비상사태 때에는 전 국민이 동원될 수 있다.

전문학교 및 대학에서 훈련을 받은 사관들은 대부분 사무라이 가문 출신이었고, 그들의 전통적인 생활양식은 새로운 군대 전체에 스며들었다. 대체로 국민이 볼 때, 수세기 동안의 사회적 차별은 칼을 찬 계층 둘레에 후광을 드리웠던 반면에 현재 유행하고 있는 소설과 연극은 지난 50여 년 동안 애국적인 군인을 아주 이상화했다. 그래서 징집되어 그 대오에 편입된 농민을 보면, 자신의 판단에서뿐만 아니라 동료의 판단에서도 자신이 고귀하게 되었다고 느끼는 듯하다. 이제는 칼을 찬 사람, 명예를 중시하는 사람이 되었다. 그는 마을의 학교 덕분에 꽤나 똑똑해졌고, 곧바로 전술도 통달하고 무사도의 본질인 깊은 의무감까지도 흡수했다. 처음에 그는 이제까지의 평화로운 생활 때문에 자신의 용기에 대해서는 약간의 의혹이 있었으나, 포화의 세례는 그가 최고의 사무라이와 나란히 자리할 수 있다는 것을 증명해주었다.

우리의 징병으로 드러난 죽음에 대한 경시는, 몇몇 서양 기자들이 상상하듯이 미래의 보상을 바라는 마음에 근거를 두고 있는

---

7 1870년에 프로이센을 중심으로 한 독일의 여러 나라들과 프랑스 사이에 전쟁이 일어났는데, 이듬해까지 이어졌다. 흔히 독불 전쟁이라 부른다.

●

니토베 이나조(新渡戸稲造, 1862~1933)가 영문으로 저술한
『부시도(武士道) : 일본의 영혼』(1900)의 표지. 오카쿠라의 『차의 책』과
더불어 일본 문화를 전 세계에 알리는 데 주요한 역할을 한 책이다.
실제로는 사무라이 정신을 미화했을 뿐이며, 메이지 시대에 군인이
이상화되는 분위기를 아주 잘 보여준다.

것이 아니다. 우리는 발할라[8] 또는 이슬람의 천국이 우리의 죽은 영웅들을 기다리고 있다고 가르치지 않는다. 왜냐하면 불교에서는 사람을 죽인 자는 내세에 비참한 모습으로 다시 태어난다고 가르치기 때문이다. 우리의 군인들을 명령 한마디로 명백한 죽음을 향해 행진하게 만드는 것은 오로지 의무감뿐이다. 그 모든 것 뒤에는 군주에 대한 헌신과 조국에 대한 사랑이 있다. 우리의 징병은 국민의 이익을 위해 자신을 기꺼이 희생한 저 영웅들의 역사적 본보기를 따를 뿐이다. 만약 그가 이따금 자신의 피를 아낌없이 바친다면, 그것은 충일한 조국애 때문이다. 왜 그런가 하면, 사랑은 죽음처럼 어떠한 한계도 인정하지 않기 때문이다.

여성의 지위 향상

메이지유신의 또 다른 중요한 특징은 여성의 지위 향상이다. 여성을 향해 깊은 경의를 표하는 서양인들의 태도는 우리가 그토록 능가하려 애쓰는 세련미의 한 면을 보여준다. 그것은 기독교가 우리에게 준 가장 고귀한 전언 가운데 하나다. 기독교는 동양에서 기원했다. 여성에 관한 것을 제외하면 그 사유방식은 동양인의 마

---

8 발할라(Valhalla) : 북유럽 신화에서, 오딘을 위해 싸우다 죽은 전사들의 영혼이 머무는 궁전이며 신들의 세계에서 가장 아름다운 궁전. 천장은 금빛의 방패로, 대들보는 창으로 되어 있다고 한다.

●

진구우 황후의 조선정벌을 그린 그림(츠키오카 요시토시의 1880년 작). 『코지키(古事記)』와 『니혼쇼키(日本書紀)』의 기사를 바탕으로 한 이 정벌은 일본인들에게 우월감을 고취시켜 조선에 대한 열등감을 누르는 데에 활용되어왔다.

음에 전혀 새로운 것이 아니다. 이 새로운 종교는 유럽의 서쪽으로 두루 퍼졌기 때문에 자연스럽게 그것은 개종한 다양한 민족들의 성향에 영향을 받게 되었다. 그래서 독일 삼림의 시, 중세의 성모 마리아 숭배, 기사들의 시대, 음유시인들의 노래들, 라틴어의 우아함, 그리고 무엇보다도 앵글로색슨 민족의 시원시원한 남자다움 등이 모두 여성을 이상화하는 일에 일정 부분 기여했다.

일본에서 여성은 동양의 다른 곳에서는 찾아볼 수 없는 존경과 자유를 늘 누렸다. 우리는 결코 살리카법[9]을 가져본 적이 없었다. 그리고 우리 천황의 혈통을 추적해 보면, 태양의 여신인 신성한 여성에서 시작된다.[10] 우리의 고대사에서 가장 찬란하게 빛나는 시대는 대개 여성 군주의 통치 하에 있었다. 진구우(神功) 황후는 직접 군대를 이끌고 가서 조선에 승리를 거두었다. 그리고 나라(奈良) 시대에 세련된 문화를 열었던 이는 스이코(推古) 천황[11]이었다. 여성 군주들은 남성 후보자들이 존재했을 때에도 자신들의 권능으로 즉위했다. 이는 우리가 모든 면에서 여성은 남성과 동등하다고 여겼기 때문이다. 우리의 고전문학에서도 남성 작가들보다 훨씬 뛰어

---

9 프랑크족의 한 갈래로서 4~5세기에 역사서에 등장한 살리(Salii)족의 법률로, 여자에게는 토지 상속과 왕위 계승이 인정되지 않았다.

10 아마테라스 오오미카미를 가리켜서 한 말이다.

11 히다츠(敏達) 천황의 황후였으나, 스슌(崇峻) 천황이 소가노 우마코(蘇我馬子)에게 살해되자 추대되어서 즉위했다. 쇼오토쿠 태자 및 소가노 우마코와 함께 통치를 했는데, 국사 편찬, 견당사 파견, 호오류우지 건립 등 문화적으로 융성한 시대를 구축했다.

난 여성 작가들의 이름을 발견할 수 있다. 한편, 봉건시대에 어떤 여장부들은 카마쿠라의 사무라이들 가운데서 가장 용감한 자의 역할을 떠맡았다.

세월이 흐르면서 유학의 교설이 우리의 사회적 관습을 주조하는 데에 더 강력하게 작용하게 되자, 여성들은 공적인 삶에서 추방되어 중국의 현자들이 여성에게 적합한 영역으로 간주했던 가정의 울타리 안에 갇혀버렸다. 그러나 여성의 권리에 대한 우리의 고유한 경의는 원래 그대로 남아 있었다. 그리하여 가장 최근 1630년에는 여성 황제인 메이쇼(明正, 1623~1696) 천황이 그 부조(父祖)들의 옥좌에 올랐다. 메이지유신 이후까지도 격검이나 유술(柔術) 같은 무술 훈련에 관한 지식은 사무라이의 딸을 교육시키는 데에 속한다고 여겼다. 실제로 많은 오래된 가문들에서는 여전히 그렇게 생각하고 있다. 평민들 사이에서는 갖가지 산업이나 상업이 오늘날처럼 언제나 여성들에게 열려 있었다. 그리고 확실히 격리되어 있었음에도 어떻게 토쿠가와의 여인이 자신의 개성을 국가에 각인시켰는지도 이미 보았다.[12] 불교에는 구원의 여성상에 대한 숭배가 있고, 유교에서는 손님이나 벗을 존중하듯이 그런 마음으로 늘 아내를 대해야 한다고 가르치면서 여성에 대한 존경을 항상 일깨워 주고 있다.

---

12 6장의 <내각과 내실>에서 내실의 여인들이 정치에 개입한 일에 대해 언급한 것을 가리킨다.

그럼에도 우리는 지금까지 여성에게 어떠한 특권이라도 제공해야 한다는 것을 결코 배우지 못했다. 사랑은 결코 중국 문학에서 중요한 자리를 차지하지 못했다. 그리고 일본의 기사도, 곧 무사도 이야기에서 사무라이는 약한 자나 억압받는 자를 위해 봉사하는 일에서도 성별을 전혀 고려하지 않고 도움을 주었다. 오늘날 우리는 여성의 향상이 곧 민족의 향상임을 확신하고 있다. 여성은 과거의 축도(縮圖)이며 미래의 축적이다. 따라서 태양의 여신 [아마테라스]가 고대의 왕국에 드리웠던 새로운 사회적 생활의 책임을 안전하게 여성의 품 안에 맡길 수 있다. 메이지유신 이후로 우리는 법률에서 성의 평등을 확정했을 뿐만 아니라 서양에서 여성에게 바치는 존경의 태도까지 받아들이고 있다. 일본의 여성은 이제 서양의 자매가 가진 모든 권리를 소유하고 있다. 그럼에도 스스로 권리를 주장하고 있지 않는 것은, 우리의 여성들 거의 전부가 자신들이 있어야 할 곳이 사회가 아닌 가정이라고 여전히 생각하고 있기 때문이다.

시간만이 일본 여성의 미래를 결정할 수 있다. 왜냐하면 여성의 문제는 사회적 생활 전체 및 그 관습의 그물망과 얽혀 있는 것이기 때문이다. 동양에서 여성은 늘 어머니로서 숭배되었다. 기독교 국가의 기사가 가장 사랑하는 여인에게 가져다주기로 한 그 모든 영예를 일본의 사무라이들은 어머니의 발아래에 바쳤다. 아내가 덜 숭배받았다는 것은 아니지만, 모성이 더 성스럽다는 것이다. 또 우리의 여성은 남편을 섬기는 일을 좋아한다. 그 까닭은 섬김이 애정을 표현하는 가장 고귀한 방식이고, 사랑은 받는 것보다 주는 것에 더 큰 기

●
사무라이 집안의 여성이 갖춰 입는 키모노(着物)는 에도 시대에 들어 점점 변형되다가 이윽고 몸에 꼭 끼는 형태가 되었다. 또 겹겹이 껴입어야 했는데, 혼자서는 입을 수 없으며 시간도 꽤 걸렸다. 활동을 하기에 적합하다고 볼 수 없는 이 의복은 여성에게 가해진 사회적 제약을 고스란히 보여준다.

뿜이 있기 때문이다. 동양 사회의 조화에서는 남자는 자신을 나라에 바치고, 아이는 부모에게 바치며, 아내는 남편에게 바친다.

조약 개정의 문제

왕정복고가 성공적으로 이루어진 뒤 거의 30년 동안 행복으로 가득한 우리의 잔 속에는 여전히 쓰디쓴 한 방울이 남아 있었다. 그것은 조약 개정의 문제였다. 우리는 입헌정치와 완전한 교육제도를 확립했다. 육군과 해군을 재조직했고, 제네바 협정[13]에도 가입했다. 우리는 민법을 고쳤고, 세계의 나머지 국가들과 통상 관계를 광범위하게 전개했다. 그럼에도 외국의 열강들은 토쿠가와 막부 아래에서 조인된 진부한 조약의 개정을 악착같이 거부하고 있다.

우리의 낮은 관세율이 무역이 증대함에 따라 우리에게 커다란 손실을 안겨주었을지라도 이에 대해서는 불평하지 않았지만, 치외법권의 재판소에서 행해진 사법권에 대해서는 불평했다. 일본은 복구되었지만, 전혀 자유롭게 되지는 않았다. 천황의 영토 안에 그의 주권이 미칠 수 없는 지점들이 있었던 것이다. 서양인들은 자국 안에 외국의 영사 재판소를 결코 둔 적이 없었으므로 그들이 강요

13 1864~1865년에 체결한 적십자 조약으로, 야전 병원의 중립 및 부상병과 포로의 취급에 대해서 결정했다.

한 재판소가 이 나라 사람들을 비통하게 만든다는 사실을 깨닫기가 어렵다. 그런 재판소의 판결이 불공평한 것은 아니지만, 인종차별이 존재함에 따라 늘 오해가 발생하고 있는 것이다. 어쨌든 외국의 법률이 집행되고 있다는 사실 자체가 그 나라의 법률 및 정의에 대한 비난이며 또 자존심이 있는 국민에게는 필연적으로 치욕이 된다.

왕정복고가 시작된 뒤로 우리 정부는 끊임없이 이 제도의 폐지를 위해 노력해왔지만, 우리 쪽이 제안할 때마다 외국의 열강은 단호하게 거절하거나 그 반대급부로서 터무니없는 요구를 해왔다. 사실 미합중국은 다른 모든 열강들이 참여한다면 개정에 동의하겠다고 했지만, 유럽이 결코 그렇게 하지 않으리라는 것을 알고서 한 말이었다. 동양의 한 국민은 문명인의 책임을 충분히 짊어질 수 있다는 점을 우리가 서양인들에게 확신시키는 일은 참으로 힘든 과제였다. 1894~1895년에 벌어진 중국과의 전쟁[14]에서 우리가 국제도덕의 높은 수준을 유지할 역량뿐만 아니라 군사적 위력까지 드러냈을 때에야 비로소 유럽은 일본 내에서의 치외법권을 폐지하는데 동의했다. 이는 역사의 통렬한 교훈 가운데 하나인데, 문명은 죽은 자들의 몸뚱이 위를 기어오르며 나아간다는 사실이다.

14 청일전쟁을 가리킨다.

●
1858년의 조약에 따라 설치된 코오베(神戶)의 외국인거류지 모습(1872년). 1899년에 조약이 개정될 때까지 치외법권이 인정되었다.

키를 잡은 강인한 팔힘

최근 수십 년 동안 우리가 겪어야 했던 고투는 대단한 것이었다. 유신의 소란 속에서 추세의 변동은 종종 극단으로 치달았고, 이로 말미암아 실제로는 유해하지 않았다 할지라도 불필요했던 많은 방책들이 통과되었다. 잠재의식의 흐름이 끊임없이 변화시키고 있는 '반쯤 깬 의식'이 마치 모래톱처럼 이동하고 있는 것을 당혹스럽게 지켜보면서, 우리는 충돌하는 견해들의 물살 한가운데서 자주 어리둥절해 하며 서 있었다. 역설의 조롱, 진퇴양난의 잔혹함 그 모두는 우리의 것이었다. 울지 않았다면 웃었을지도 모른다. 보수적인 반동이 폭동과 지방의 반란을 야기했고, 그로 말미암아 우리는 메이지유신의 가장 위대한 선각자들을 많이 잃었다. 그리고 과격한 광신자들은 종종 그들의 칼로써 선견지명이 있는 지도자의 경력을 갑자기 끝내버렸다. 폭풍과 역류 속에서도 국가라는 배가 꾸준히 제 항로대로 나아가도록 강인한 팔힘으로 처음부터 끝까지 키를 잡고 있었다는 것, 이를 우리는 늘 고마워해야 한다.

9장 ● 재생

9장 재생

옛것을 희생하지 않고 새것을 받아들인 일본

옛 일본은 더 이상 존재하지 않는다고 비관론자들은 단언한다. 그들은 주장하기를, 근대화 과정에서 일본은 그 개성을 잃어버렸고 역사적 일관성이라는 끈이 끊어졌다고 한다. 유럽의 저명한 작가들은 일본의 현재 상황을 일시적인 것, 영속적이지 못한 것, 조만간 분열할 수밖에 없는 오리엔탈리즘(Orientalism)의 기이한 변종이라고 간주해왔다. 그들은 우리가 여행하면서 객점(客店)에 도착할 때마다 갈아 신는 짚신에서 우리의 가변성을 떠올리며, 대화재가 날마다 휩쓸고 가는 목조 가옥들에서는 모든 영속성에 대한 우리의 무관심을 떠올린다. 끊임없이 진동하는 우리의 국토에서부터 만물의 덧없음을 가르치는 불교의 철학에 이르기까지 일본의 모든 것들이 그들에게는 견고성과 안정성을 결여한 것이었다.

낡은 생활에서 새로운 생활로 급작스럽게 변화해야 한다는 절박한 요구가 옛 일본의 표지물들을 많이 없애버렸다는 것은 진실이지만, 그러한 변화들 속에서도 우리는 이전에 지녔던 이상들을 여전히 그대로 지켜갈 수 있다. 우리가 신은 짚신들이 바뀔지라도 여행은 계속된다. 우리의 집들이 타버렸더라도 도시들은 남아 있다. 그리고 지진은 다만 이 섬 제국을 지탱해주는 강력한 물고기의 생식력을 보여줄 뿐이다.[1]

동양의 철학에서는 사물을 읊은 시들이 사실이나 사건들보다 더 실재적이고 생동감이 있다고 하는데, 이 점을 기억해야 한다. 현세의 덧없음을 가르치는 불교도 영혼의 불변성을 가르치는 일을 잠시도 멈춘 적이 없었다. 역사의 최초 여명기 때부터 우리 국민의 애국심과 천황에 대한 헌신은 고대의 이상에 대한 일관된 집요함을 보여주며, 동시에 고대 중국과 인도의 예술들 및 관습들이 그것들이 탄생한 곳에서는 사라진 지 오래된 뒤에도 우리가 보존해왔다는 사실은 우리가 전통을 얼마나 숭상하는지를 충분히 증명해준다.

우리의 보수성은 이세(伊勢)의 신궁(神宮)에서 전형적으로 드러나고 있는데, 이 신궁은 우리 황가의 창시자인 태양의 여신이 영원

1 일본의 설화에서는 일본의 섬들을 등에 지고 있는 거대한 물고기의 움직임이 지진을 일으킨다고 이야기한다.[원주]

●

일본 열도 아래에서 몸을 흔들어 지진을 일으킨다는 큰 메기를 묘사한 우키요에. 1855년의 '안세이(安政) 대지진' 이후에 이런 메기 그림이 널리 유행했다.

히 숭배되고 있는 곳이다. 우리의 조상 숭배에서 가장 신성한 사당은 오늘날에도 2천년 전처럼 본래의 아름다움을 완벽하게 간직하고 있다. 이는 20년마다 대체 장소에 정확히 원형 그대로 다시 짓기 때문이다. 전 세계가 아마도 단조로움에 대한 우리의 애호는 비웃을지 모르지만, 절대로 항구성이 결여되었다고 비난할 수는 없다. 우리의 개성이 서구 사상의 강력한 조류에도 수몰되지 않고 보존되었던 것은 외래 사상이 지속적으로 유입되는 상황에서 우리가 우리 자신에게 충실할 수 있도록 해준 바로 그 국민성 덕분이었다.

아득한 옛날부터 중국과 인도의 문명은 한국 및 일본에 인접해 있는 연안 지방들에 스며들었다. 당 왕조는 그 범신론과 조화주의를 우리에게 넘치도록 흘려보냈고, 송 왕조 아래에서는 낭만주의와 개인주의라는 새로운 요소들이 우리의 해안으로 밀려왔다. 히나야나(Hinayana)[2]의 이원론에서 보리달마(Bodhidharma)[3]의 초단일론(超單一論)에 이르기까지 인도는 풍부한 종교와 철학을 우리에게 건네주었다. 이들 다양한 사상의 학파들은 서로 달랐고 충돌했는데, 일본은 그 모두를 기꺼이 받아들여 정신적 필요에 도움이 되는 것이면 무엇이든 간에 흡수했고, 나아가 그 선물을 일본의 사상적 유산과 혼합해서 완전한 일부로 만들었다.

고대의 이상이라는 우리의 화로는 조심스런 절충주의에 의해

2 남방불교의 학파 또는 소승 불교[원주]

3 6세기에 중국으로 와서 선종의 초기 형태를 개시한 인도 승려[원주]

●
1849년 이세 신궁을 새로 지었을 때 신령을 옮기는 의례(위)와 1869년에 메이지 천황이 이세 신궁을 참배한 일(아래)을 그린 우키요에

서 보호되어왔는데, 동시에 국민의 생활이라는 드넓은 들판은 [외래 문화가] 계속 범람해서 풍부해진 퇴적물로 말미암아 비옥해져 더욱더 신선한 신록의 싹을 틔웠다. 아시아 문화의 다양한 요소들을 종합하는 데는 사상적 비용이 들었으나, 인도와 중국에서는 알려지지 않았던 자유와 활력을 일본의 철학과 예술에 불어넣어 주었다. 그리하여 이런 과거의 훈련 덕분에 우리는 우리가 획득해야만 했던 서양 문명의 여러 요소들을 우리의 이웃들보다 더 쉽게 알아보고 감상할 수 있었다. 옛것을 희생시키지 않고 새것을 받아들이는 데 익숙했으므로 서양식 방법들을 채택한 일이 국민의 생활에 끼친 영향도 일반적으로 예상한 것만큼 크지는 않았다.

붓다를 영적인 안내자로, 공자를 도덕적 안내자로 선택한 것과 똑같은 절충주의는 근대 과학을 물질적 진보의 표지로 맞아들였다. 서양의 발달에서 나타난 특정한 면들을 터득하려는 우리의 노력들은 결과적으로 산업 활동의 증대 및 과학적 위생과 외과술의 도입으로 이어졌고, 아울러 통신과 운송에 대한 우리의 방법들이 크게 개선되고 평범한 일상의 안락을 향유하는 일이 이전의 그 어느 때보다도 더 보편화되었다. 그러나 그런 방면의 발달은 우리의 국민성에는 거의 영향을 끼치지 않았으며, 더욱더 노력을 기울이라는 자극제로서 작용했을 뿐이다.

또한 서양의 정치적·사회적 관습을 채택한 일이 첫눈에 명백해 보였던 것만큼이나 대단한 변화를 우리 쪽에 가져다준 것은 아니었다. 우리의 과거 경험은 서양의 제도들 가운데서 우리 동양의 본

●
요코하마 해안의 증기차와 선박들을 그린 우키요에(1874)

질과 양립할 수 있는 것만을 선택하도록 가르쳐주었다. 잊지 말아야 할 것은 동양과 서양이 겉보기에는 분명하게 구획되는 것처럼 보일지라도 인류의 모든 발전은 본질적으로 똑같다는 점이며, 아시아 역사의 광대한 영역에서 사회적 관습의 거의 모든 변형들을 다 발견할 수 있다는 점이다.

우리는 연립주의자들에게 민주정치를 떠올리게 한 고대 유교의 양상에 대해 이미 언급한 적이 있다. 공작에서 남작에 이르는 귀족의 다섯 등급은 3천년 전의 주(周) 왕조에서도 알려져 있었다. 노예 제도는 기원후 첫 세기 동안에 한(漢, 기원전 202~기원후 220) 왕조에 의해서 폐지되었다. 재산의 동등한 분배 그리고 농업 생산물의 정부 관리 등에 관한 사회주의 이론은 한 왕조와 송(宋, 960~1279) 왕조 사이에 실제로 시행되었다. 근대 독일의 이상주의[4]는 여러 세기 전에 먼저 인도에서 나타났고, 게다가 기독교와 유사한 점들이 불교 안에 많이 있었다. 공무원 임용 시험뿐만 아니라 교회를 국가와 분리시키려던 근대 유럽의 경향도 중국에서는 초기부터 있었다. 서양 문명과 아시아 문명 사이에 존재하는 이런저런 많은 유사점들 덕분에 일본은 전통적 관념을 거스르지 않으면서도 미국과 유럽으로부터 많은 것을 빌려 올 수 있었다.

4 18세기 후반에서 19세기 초반에 독일에서 나타난 철학 운동. 1780년대와 1790년대에 칸트의 저술에서 발전되어 낭만주의 그리고 계몽주의의 혁명적 정치학과 긴밀하게 연결되었다.

옛 일본의 심장은 여전히 힘차게 뛰고 있다

사물의 이면을 간파하는 이라면 일본이 근대의 옷차림을 했더라도 옛 일본의 심장은 여전히 힘차게 뛰고 있다는 사실을 알 수 있다. 서양의 법률 정신을 구현한 우리의 민법은 과거의 우리 관습과 관례를 상당한 정도로 포함하고 있다. 서양의 많은 헌법들과 유사하게 보일 수도 있지만, 우리의 헌법은 우리 고대의 정치 제도에 기초하고 있고 심지어 신대(神代)에서 그 원형을 찾을 수도 있다.

18세기에 시작된 일본의 르네상스는 그 진행을 결코 멈춘 적이 없다. 좀 더 체계적인 방법론으로 무장한 우리의 학자들은 여전히 고대의 예술과 문학에 대한 탐구를 추진하고 있다. 토오쿄오제국대학의 역사학부는 우리의 연대기를 다시 편찬하기 위해 이미 막대한 양의 자료들을 수집했다. 제국고고학위원회는 지난 15년 동안 제국의 전 지역에 있는 사원들을 샅샅이 뒤졌고, 토쿠가와 시대의 비평가들로부터 전승되던 많은 것들에 대해 논박했다. 중국의 희귀본들을 얻으려고 열심히 찾아다녔는데, 대단히 귀중한 소장품은 최근에 북경의 황실 문서보관소에서 획득한 것이다. 산스크리트 문학에 대한 관심도 일어났고, 막스 뮐러[5]의 장서를 최근에 구입해 토오쿄오

---

5 프리드리히 막스 뮐러(Friedrich Max Müller, 1823~1900)다. 독일의 철학자이자 동양학자다. 인도 연구에 관한 학문을 창시한 사람 가운데 한 명으로, 인도 고전을 다수 번역했다.

●
새 황거(皇居)에서 거행된 '대일본제국헌법' 발포식 장면을 묘사한 우키요에(1889)

로 가져왔다. 아울러 불교와 유학에 대해서도 왕정복고가 시작되었을 때보다 훨씬 더 엄청난 열정을 갖고 연구하고 있다.

오래된 관습들과 의례들도 되살리고 있으며, 고대의 예법에 대한 지식도 이전에 그랬던 것과 똑같이 신사가 갖추어야 할 교양의 한 부분이다. 민주주의화 추세도 이전보다 더 보편적인 것이 되었을 뿐이다. 다도(茶道)나 화도(花道)는 다시금 우리 숙녀들의 생활에서 일반적인 특징이 되었다. 고전적인 음악이나 연극은 유럽식 교육을 받은 사람들조차 광범위하게 연구하고 있다. 그러나 아주 오래된 궁중 의례가 그 형식에서 아무런 변화를 겪지 않고 지속되어 왔다는 사실은 아마도 널리 알려져 있지는 않을 것이다. 이에 관한 두드러진 예로서, 천황이 보낸 고귀한 칙사가 러시아와의 선전포고를 태양의 여신[아마테라스]에게 알린 일에 그리고 전쟁이 지속되는 동안에 이세(伊勢)의 신궁에서 봉사할 특별호위병이 파견되었다는 사실에 주목할 수 있다.

백락(伯樂)이 '참된 말'을 식별한 것처럼 사물의 참된 정신을 알아채는 사람이라면 현재의 사건들 속에서 옛 일본의 재생을 볼 수 있을 것이다. 전쟁을 준비하는 우리의 철저함과 세심함 속에 지치지 않는 인내로 우리의 칠기(漆器)를 정교하게 마무리 짓던 그 손길과 똑같은 것이 있음을 그는 알아볼 것이다. 전쟁터에서 다친 적에게 주었던 그 친절한 보살핌 속에서는 '모노노아와레'[6]를 알았으며

6 일본의 주요한 미적 개념 또는 미의식의 하나. 모토오리 노리나가가 이에 대한

자기 앞에 있는 적의 부상을 돌보았던 사무라이의 오래된 예법을 발견할 수 있다. 우리의 선원들을 대담한 모험으로 이끈 그 열성은 "아는 것은 행하는 것이다"라고 가르친 신유학에 의해서 고취되었다. 급박한 국가적 위기에 대처하는 우리 국민의 침착함은 사원의 고요 속에서 변화에 대해 명상했던 붓다의 제자들로부터 물려받은 유산이다.

현대의 예술과 문학에서 생동감이 넘치고 대표적이라 할 수 있는 작품들은 모두 국민적인 유파의 표현이 되살아난 것이지 유럽을 본보기로 삼아 모방한 것이 아니다. 우리의 지도적인 소설가들인 코오다 로한(幸田露伴, 1867~1947)[7]이나 고 오자키 코오요오(尾崎紅葉, 1867~1903)[8] 등의 재기 넘치는 창작은 17세기 양식을 기초로 한 일종의 재현이다. 애도 받을 만한 단쥬로오(團十郎)[9]는 세상에 일찍이 없었던 가장 위대한 배우들 가운데 한 사람으로, 그 이름은 우리의 사극(史劇)과는 떼려야 뗄 수 없는 관계에 있

이론을 처음으로 주창했다. 모노노아와레는 사물을 대했을 때 마음 깊은 데서 흘러나오는 감정으로, 특히 덧없고 쓸쓸한 느낌을 가리킨다.

7 메이지에서 쇼오와 시기의 소설가이면서 수필가, 고증학자. 『풍류불(風流佛)』로 평가받았으며, 『오중탑(五重塔)』, 『운명(運命)』 등의 문어체 작품으로 문단에서 그 지위를 확립했다.

8 메이지 시기의 소설가. 1897년부터 죽기 직전까지 계속해서 썼던 『금색야차(金色夜叉)』는 미완이지만 그의 대표작으로 일컬어진다.

9 이치가와 단쥬로오(市川團十郎, 1660~1704)를 가리킨다. 그는 일본 카부키의 대표적인 배우로, '초대 이치가와 단쥬로오'로 일컬어진다. 그의 아들이 뒤를 이으면서 대대로 아들이나 양자가 그 역할을 이어왔는데, 12대 이치가와 단쥬로오(1946~2013)까지 이르렀다.

다. 타케모토 하야타(竹本隼太, 1848~1892), 마쿠즈 코잔(眞葛香山, 1842~1916), 세이후우 요헤이(淸風與平, 1803~1861) 등 유명한 도예가들은 중국의 거장들과 똑같이 경이로운 존재들이라 할 수 있는데, 저 거장들의 비결을 발견했기 때문이다. 나츠오(夏雄)[10], 젯신(是眞)[11], 호오가이(芳崖)[12] 및 가호오(雅邦)[13] 등은 우리의 오래된 예술 정신이 여전히 살아 있다는 것을 탁월하게 입증해준다.

●
일본 카부키(歌舞伎)의 대표적인 배우 이치가와 단쥬로오

그렇다고 유럽의 예술과 문학에 대한 연구가 어떤 식으로든 해롭다든가 심지어는 탐탁지 않다고 말하려는 게 아니다. 현재까지는 그 결과들이 토착의 유파들이 성취한 것들에는 전혀 견줄 수 없는

10 카노오 나츠오(加納夏雄, 1828~1898)를 가리킨다. 금속에 세공을 하는 금속조각가다.

11 시바타 젯신(柴田是眞, 1807~1891)을 가리킨다. 칠공예가이면서 화가다.

12 카노오 호오가이(狩野芳崖, 1828~1888)를 가리킨다. 화가로서, 근대일본화의 아버지로 불린다.

13 하시모토 가호오(橋本雅邦, 1835~1908)를 가리킨다. 일본화의 혁신에 공헌했으며, 호오가이와 더불어 일본화의 근세와 근대의 과도기적 화가로 일컬어진다.

수준이라는 말이다.

우리의 민족 예술이 적대적인 상황 한가운데에서도 살아남았다는 사실은 별로 경탄할 일이 아니다. 산업주의의 속물근성과 물질적 진보의 초조함은 동양의 예술에는 해롭다. 경쟁이라는 기계는 삶의 다양성 대신에 양식의 단조로움을 강요한다. 값싼 것이 아름다운 것을 대신해 숭배되고, 생존을 위한 현대의 돌진과 투쟁은 이상을 구체화하는 데 필요한 여유를 가질 기회조차 주지 않는다. 후원은 더 이상 개인적 악취미의 신호조차 되지 못한다. 음악은 눈을 통해서 비판되고, 회화는 귀를 통해서 비판된다.

예술에서 일본은 전 세계에 맞서 홀로 서 있다

일본의 예술이 과거의 것이 될 가능성도 있다고 하는데, 그것은 서양의 공통된 심미성에 공감하느냐 하는 문제와 관련이 있다. 우리의 예술은 현대 생활의 순전히 실용적인 경향뿐만 아니라 서양적 관념의 침입으로부터도 시달리고 있다는 사실을 알아야 한다. 미심쩍은 예술 작품들을 요구하는 서양의 시장은 우리의 취향 수준에 대해 끊임없이 비평을 하면서 우리 개성에 대해서도 운운해왔다. 우리의 어려움은 일본의 예술이 이 세계에서 유사한 이상(理想)이나 기법으로부터 상속을 받거나 보강될 수도 있으리라는 즉각적인 가능성도 없는 상황에서 고립되어 있다는 데 있다.

메이지 초기(1870년 즈음) 옛것과 새것이 충돌한 일을 우의적으로 그린 그림

우리는 더 이상 중국의 현재 예술에서 우리의 경쟁심을 자극하고 우리를 몰아붙여 기운찬 노력을 하도록 부추기는 면을 발견하지 못한다. 반면에 동양의 문명과 관련된 모든 것을 경멸하는 보통의 서양인들의 태도가 유감스럽게도 우리의 예술 규범에 대해 갖고 있는 우리의 자신감을 파괴하는 경향이 있다. 우리의 노력을 인정하는 유럽과 미국의 전문가들조차 서양에서는 대체로 자신의 문화와 예술이 동양의 문화와 예술보다 우월함을 계속 가르치고 있다는 사실을 알아채지 못하고 있다. 일본은 전 세계에 맞서 홀로 서 있다. 우리들 가운데서 심약한 자는 세상에 유행하는 견해를 따르고 우리의 국민적 유파를 떠받드는 보수적 지지층을 저버리는데, 이는 실로 자연스런 일이다. 우리의 귀공자들 몇몇이 런던 재봉사의 최신 재단이나 파리의 최신 유행을 걸치고서 누리는 기쁨은 동양적 관습을 비난하는 일반적인 경향에 대해 보호색을 갖추려는 시도로서, 이는 애처로운 몸짓들 가운데 하나다.

정면으로 맞서야만 하는 난관이었음에도 일본 예술은 자기에게 충실하면서도 경이로운 일을 해냈다. 우리는 일본 예술이 지난 40여 년 동안 서양중심주의[14]가 압도해온 상황 속에서도 분명하게 보여주었던 그 끈질긴 생명력으로 미래에도 일본 예술을 본래대로 유지해가리라 믿고 또 바란다. 국민적 자신감의 충만은 국민적 이

14 원문은 'occidentalism'이다. 서양풍이나 서양정신 정도로 번역할 수 있으나, 오늘날 흔히 말하는 '유럽중심주의'가 적절하다. 여기서는 당시의 형세와 풍조를 감안해 '서양중심주의'라 번역했다.

상의 보존에 강력한 유인이 된다. 우리의 고유한 관습들과 예술에 대한 거대한 반동은 10년 전 청일전쟁에서 승리를 거둔 이후로 뚜렷해졌다. 중국보다도 더 강력한 상대에게 승리를 거둠으로써 우리가 더욱 깊은 자신감을 가지게 되기를 바란다. 우리는 서양이 제공하는 것을 이전보다 더 잘 배우고 흡수할 수 있도록 각오를 해야 하지만, 우리가 요구하는 존중은 우리 자신의 이상을 충실하게 유지해가는 데에 있다는 사실도 기억해야 한다.

10장 ● 일본과 평화

10장 ● 일본과 평화

침략을 금지한 일본 문명의 본성

우리는 호전적인 계획과 팽창의 야욕으로 거듭해서 비난을 받았다. 정복과 식민지화의 전통을 갖고 있는 유럽 국가들에게는 아마도 그들을 자주 전쟁으로 이끌고 갔던 바로 그 확장의 정신에 우리가 고무되지 않았다는 사실이 상상도 못할 일이었을 것이다. 그러나 우리의 대외 정책의 역사를 세심하게 연구한 사람이라면 평화 유지에 대한 우리의 한결같은 열망보다 더 명백한 일은 있을 수 없다는 것, 국민의 생존을 보호해야 한다는 불가피한 상황에서 우리가 최후의 수단으로 전쟁에 기댔다는 것을 안다. 사실 우리 문명의 참된 본성은 외국에 대한 침략을 금지한다. 중국의 농경 문명이 집약되어 있는 유교는 그 본질에 있어 근본적으로 자기억제적이며 비침략적이다.

공자의 가르침을 따랐던 그 광대한 평야의 비옥함은 그 자연적 경계를 넘어서는 어떠한 일도 불필요한 짓이 되게 했다. 그 현인의 전언은 흙에 대한 사랑과 노동의 신성함이 서로 손을 잡도록 만들었다. 그와 그 제자들은 온화와 조화라는 가정적이고 가부장적인 덕목들을 가르쳤다. 나중에 불교가 들어와서 자족과 극기라는 근본 관념을 강화했다. 중국과 인도의 고색창연한 전 역사를 통틀어 그 두 나라의 조정이 서로 충돌한 적은 한 번도 없었다. 중국이 일본을 위협했던 경우는 단 한 번 있었는데, 12세기에 중국을 차지한 몽골 정복자들이 우리에게 그들의 힘을 행사하려고 했을 때였다.

중국 및 조선과의 관계

일본은 원래 해양 국가였음에도 오래전부터 유교와 불교의 영향으로 이웃 나라들처럼 자기억제적인 성향이 되어 섬 제국의 좁은 경계 안에서 제 운명을 다하려 애썼다. 8세기에 우리가 조선에 대한 고대의 지배권을 포기했다는 사실[1]은 대륙적 관념이 우리 국

1 일본은 조선을 지배한 적도 없으니 지배권을 포기한 적은 더더욱 없다. 오카쿠라 텐신의 이런 역사인식은 그가 미술사가로서 자민족 중심주의에 사로잡혀 있었음을 단적으로 보여주는 것이다. 『동양의 이상』에서 "아시아는 하나다"라고 말한 것도 결국 일본 중심으로 아시아 질서를 재편하고자 하는 바람의 표현일 뿐

●

태풍에 침몰하는 몽골 함선들을 묘사한 그림. 키쿠치 요오사이(菊池容齋, 1788~1878)의 1847년 작민의 의식에서 얼마나 깊이 한 부분을 이루고 있었는지를 입증해 준다. 조선반도는 아마도 원래는 선사시대 동안에 우리의 식민지였을 것이다. 조선에 남아 있는 고고학적 유물은 우리의 원시시대 고인돌에서 발견된 것들과 정확하게 똑같은 유형이다. 조선의 언어는 오늘날까지도 모든 아시아의 언어들 가운데서 우리와 가장 가까운 계통에 속한다. 우리의 가장 초기 전설들은 황가의 여성 조상[아마테라스]의 동생인 스사노오[2] 신이 조선에 정착한 일에 대해 이야기해주고 있다. 그리고 어떤 역사학자에 따르면, 그 나라 최초의 왕인 단군은 스사노오의 아들로 여겨진다. 3세기에는 우리의 진구우(神功) 황후가 조선반도를 침략하는 군대를 이끌었는데, 그것은 [조선반도에서] 수많은 독립된 소국들이 일어나면서 위협받게 된 우리의 통치권을 재확립하기 위해서였다. 우리의 연대기들에는 8세기까지 우리가 식민지를 보호했다는 기사들이 가득하다. 그런데 8세기 이후에는 거대한 변화가 일본을 덮쳤고, 우리의 모든 기운을 종교적 열정에 쏟아부었다. 무수히 많은 사원들의 건립과 나

임을 알 수 있다. 물론, 당시 대부분의 일본 지식인들이 이러한 역사인식을 공유하고 있었다. 그럼에도 그가 저 멀리 인도에서부터 중국을 거쳐 일본의 미술들을 두루 연구했다는 사실을 염두에 둔다면, 변명의 여지가 없다. 이는 일본의 지적 전통 안에 오래도록 역사 왜곡 또는 왜곡된 역사 인식이 자리하고 있었다는 사실을 알려준다.

2 스사노오노 미코토(須佐之男命)라는 남신이다. 일본신화에서 창조신인 이자나기가 황천에 갔다가 돌아와서 부정한 것을 보았다며 코를 씻을 때 생겨났다고 한다.

●

토오다이지(東大寺)의 대불(大佛) 노사나불상(盧舍那佛像). 상이 안치된 대불전과 이 불상을 건조하느라 일본 재정이 거의 파탄 지경에 이르렀다고 한다. 신라의 경우와 견주어 보면, 당시 일본의 국력과 기술력이 뒤떨어져 있었음을 알 수 있다.

라(奈良)의 대불(大佛) 조성이 이루어진 이 시대에 우리의 마지막 조선 식민지가 사라졌고, 조력을 얻으려는 그들의 호소를 모국[일본]은 흘려들었다.[3]

13세기에 시도된 몽골의 침략은 중국의 전위에 선 조선인에 대해 우리 안에 증오심이 일게 했다. 그런데 우리의 유일한 보복 행위로는 타이코오(太閤) 히데요시의 유례가 없는 원정이 있었을 뿐인데, 16세기에 히데요시는 숙적으로 여겼던 그들과 진검승부를 벌이기 위해서 군대를 조선으로 이끌었던 것이다. 그러나 우리의 국민적 정서는 외국 정복에 대해 오랫동안 공감할 일이 없었으므로 그가 죽자 타이코오의 군대도 이내 철수되었다. 이 이상한 원정의 유일한 결과는 그 뒤의 토쿠가와 시대 동안에 조선의 군주가 새로 취임한 쇼오군에게 경의—중국 황제에게 바친 것과 똑같은 경의—를 표하기 위해 사절을 보낸 일이었다. 이 행사는 메이지의 왕정복고 때까지 계속되었다. 그러나 우리는 거기에 내포된 권리를 이용해서 우리 자신을 위해 대륙의 정치에 관여할 생각은 전혀 없었

3 660년에 멸망한 백제 땅에서 부흥을 도모하던 부여풍의 요청으로 왜국 곧 일본은 여러 차례 파병했다. 『니혼쇼키(日本書紀)』에 따르면, 661년에는 170여 척의 선박과 1만 명의 부대를, 662년에는 2만 7천 명을, 663년에는 1만여 명을 각각 보냈다. 그러나 663년에 백강(지금의 금강)에서 벌어진 백제·왜의 연합군과 당·신라의 연합군이 벌인 전투에서 백제·왜는 대패했다. 본문에서 오카쿠라가 "흘려들었다"고 말한 것과 달리 왜국은 적극적으로 개입했다. 또 그것은 왜국이 백제의 모국이기 때문이 아니라, 역사적으로 백제가 왜국의 모국이었기 때문이다. 2001년에 일왕 아키히토는 공개적인 장소에서 자신의 몸에는 한국계의 피가 흐른다고 말했는데, 백제의 혈통을 이었다는 점을 고백한 것이다.

●
카노오 야스노부(狩野安信, 1614~1685)가 그린 1655년의 조선통신사 행렬도(영국박물관 소장). 임진왜란 이후 토쿠가와 이에야스는 국교 재개를 요청했고, 이에 조선에서는 포로들을 쇄환할 겸 1607년부터 다시 통신사를 보냈다. 그 입지가 아직 불안정했던 이에야스는 이것으로 쇼오군의 지위를 확고히 하려고 했을 것이다.

다. 그와는 반대로 우리 자신이 세계의 나머지 국가들로부터 완전히 고립되어 있었던 점을 자랑했고, 그래서 타이코오의 원정 이후에 중지되었던 중국과의 호의적인 외교관계도 굳이 재개하려고 애쓰지 않았다.

대륙의 사건에는 간섭하지 않는다는 토쿠가와 막부의 정책은 명 왕조의 애국적 장군으로 유명한 국성야(國性爺)[4]의 원병 요청을 거절한 데서도 단적으로 드러났다. 그는 포르모사(Formosa, 타이완)에서 네덜란드인들을 몰아냈고, 그로부터 삼대에 걸쳐 중국의 만주족 정복자들에 대항해 그곳을 지켰다. 다른 모든 지방의 태수들은 [청나라에] 항복했지만, 그는 홀로 명 왕조의 잔당을 떠받쳐 왔다. 그는 자신이 명의 망명자와 나가사키의 여인 사이에서 태어난 반(半)일본인이라고 하면서 자신의 출생을 근거로 내세워 일본에 동맹과 원병을 간청했다. 몇몇 번주들과 꽤 많은 사무라이들은 그의 호소에 불타올라 자원하고 싶어 했지만, 토쿠가와 당국은 그들이 전혀 그렇게 하지 못하게 했다.

1868년의 왕정복고 이후로 중국 및 조선과의 관계는 평화와 비침략이라는 전통적인 정책을 잘 보여주는 두드러진 예증이다. 3세

4 정성공(鄭成功, 1624~1662)을 가리킨다. 명·청 교체기에 활동했던 군인이자 정치가로, 남명(南明, 1644~1664)의 융무제(隆武帝, 1645~1646 재위)로부터 명 황실의 성씨인 주(朱)를 하사받았으므로 '국성야'라는 별칭으로 불리게 되었다. 청나라 군대에 밀리던 정성공은 네덜란드가 점령하고 있던 타이완을 공격해서 점령했다.

기 동안의 긴 잠에서 우리가 깨어났을 때, 국제 형세는 확실히 변해 있었다! 우리의 존립 자체를 위협하는 사건들이 아시아에서 일어나고 있었다. 외부의 공격으로부터 자신을 방어할 수 없다면, 동양의 어떤 국가도 독립 유지를 바랄 수 없었다. 자연의 장벽도 과학의 진보 앞에서는 무용지물이나 마찬가지였다. 우리가 이전에 대륙의 침략을 막아줄 무적의 장애물이라 여겼던 황해와 조선해협[또는 대한해협]도 쾌속 군함과 장거리 대포가 도입된 뒤로는 거의 가치가 없었다. 어떤 적대국이든 이 조선반도를 점령하면 일본으로 쉽게 군대를 파견할 수 있었다. 왜냐하면 조선은 일본의 심장부를 바로 겨누고 있는 비수처럼 줄곧 자리하고 있기 때문이다. 더구나 조선과 만주의 독립은 우리의 종족 보존을 위해서 경제적으로 필요하다. 경작지가 빈약한 이들 나라에서 만약 합법적인 출구를 빼앗겨버린다면, 계속 증가하고 있는 우리 인구를 기다리는 것은 굶주림이기 때문이다. 오늘날 러시아인들이 이 영토들에 손을 뻗치고 있는데, 우리 외에는 누구도 이에 저항하지 않고 있다. 이런 상황에서 어쩔 수 없이 우리는 고대에 우리의 영역 안에 있었던 조선을 우리 국민의 합법적인 방어선 안에 둘 것을 고려하고 있다. 1894년에 중국이 조선반도의 독립을 위협했을 때, 우리는 중국과 전쟁을 감행하지 않을 수 없었다. 1904년에 우리가 러시아와 싸웠던 것도 마찬가지로 이 나라의 독립을 위해서였다.

1894~1895년의 청일전쟁

우리에게 조선을 차지할 기회가 몇 번 있었지만, 우리의 바람은 평화였기 때문에 강력한 도발이 있었음에도 우리는 참아냈다. 왕정복고를 창출해낸 역사정신 또한 조선은 본래 일본의 한 지방이었으며 토쿠가와 시대에는 쇼오군에게 공물을 바쳤다는 사실을 상기시켰음을 우리는 기억해두어야 한다. 지난 19세기의 초반 70년 동안에는 전쟁을 일으킬 명분이 결여되어 있었는데, 왜냐하면 조선은 이상한 망상에 빠져서 왕정복고의 통치를 인정하지 않으려 했을 뿐 아니라 우리를 거듭 모욕했기 때문이다. 유럽 국가들은 우리보다도 훨씬 약한 도발의 명분을 갖고도 자주 침략의 구실로 삼아 왔다.

1873년에 있었던 내각의 분열과 1879년 사츠마(薩摩)의 분리론자들에 의해 야기된 폭동은 개전당(開戰黨)와 평화당(平和黨) 사이에 벌어진 논쟁의 결과였는데, 거기서는 늘 평화당이 승리를 거두었다. 그 당시에는 서양이 동양에 나중에 갖게 될 그런 깊은 관심을 갖고 있지 않았기 때문에 우리가 행동했더라도 방해하지 않았을 것이다. 개전당의 당원들은 일본이 조선을 통제해서 다른 열강의 손에 떨어질 위험으로부터 영원히 구제해줄 수 있는 유일무이한 절호의 기회가 왔다고 강력히 주장했다. 그들에게 있어 조선은 언제나 조공을 바치는 나라였고, 우리는 이미 갖고 있는 권리를 확

●

1873년의 정한의론(征韓議論)을 묘사한 그림. 스즈키 토시모토(鈴木年基)의 1877년 작. 일본 국내에서 정한론은 메이지 초기부터 들끓었다.

고하게 하는 것뿐이었다.[5] 만약 그때 조선 문제가 해결되었다면, 아마 청일전쟁과 러일전쟁의 유혈은 피할 수 있었을 지도 모른다.

천황의 주요 고문관들은 정부 내에서 발언권을 가진 다수의 사람들과 함께 개전당의 견해에 강력하게 반대했다. 그들의 눈에는 이웃 나라들을 희생시켜 세력을 증강시키는 일보다는 왕정복고가 더 큰 의의를 갖는 것으로 보였던 모양이다. 그들에게 왕정복고는 정의와 인도주의, 자유주의, 그리고 일본 민족의 향상을 위한 원리 등의 상징이었다. 그 기조를 이루는 것들은 틀림없이 고결함과 자기희생, 국민의 덕목으로까지 확대되는 사무라이의 미덕 등이었을 것이다. 오오쿠보 토시미치(大久保利通), 키도 타카요시(木戸孝允), 이와쿠라(岩倉) 공작[6] 등과 같이 고결한 이상을 신봉하는 정치가들의 생애는 현 일본 정부에 도덕적 색조를 부여했으며 이타성과 순결함을 웅변해준다. 그들의 단순함과 결단력은 국민의 갱생이 필요한 결정적 순간들마다 대중을 인도해줄 듯한 사람들이 지닌 계몽적 정신의 특성이다.

평화 옹호자들이 우세했고, 개전당은 사직하고 나서 폭동을 일으켰다. 그리하여 여전히 권력을 쥐고 있던 자들은 한때 가장 가까웠던 벗들에게 사형을 언도해야만 했다. 언제나 평화를 옹호했던

5 고대에 일본이 조선을 지배했다는 것은 날조인데, 그 날조에 기초해서 기득권으로 여겼음을 알 수 있다.

6 이와쿠라 토모미(岩倉具視, 1825~1883)다. 1867년에 왕정복고의 실현을 위해 암약했고, 1870년대에는 정한론(征韓論)을 저지했다.

●
1876년 1월 16일에 강화도로 가던 일본 군함들이 부산항에 잠시 정박한 모습(위)과
강화도 조약(또는 조일수호조규)을 체결할 곳에 네 대의 기관총을 설치한 일본군 모습(아래)

천황은 조선에 대한 원정을 전혀 허락하지 않았을 뿐만 아니라 오히려 친교를 맺으려 했다. 1876년에 수호 조약[7]을 맺었는데, 거기에서 우리는 은자의 나라로서 주권을 완전히 인정해주었고 세계의 다른 나라들과 통상관계를 맺을 길을 최초로 열어주었다. 극동에서 우리의 개방 정책은 그렇게 시작되었다. 우리가 조공국[조선]에 대한 우리의 권리를 단념한 목적은 중국도 똑같이 하도록 강요해서 그것으로 두 나라 사이에 중립지대를 두기 위해서였다. 중국과 러시아가 조선의 독립을 존중했다면, 어떤 전쟁도 일어나지 않았을 것이다.

1894~1895년의 청일전쟁은 조선을 조공국이라 주장하면서 조선에 대해 실질적인 주인이 되려 한 중국의 야심으로 말미암아 일어났다. 1876년의 조약으로 우리가 조선의 독립을 인정하자, 고대부터 내려온 중국의 자긍심은 통렬한 타격을 받았다. 일본이 조선을 중국의 지배 범위 너머에 두는 정책을 편 데 대해 중국은 아주 분개했다. 중국의 보수적인 본능은 우리의 근대화에도 반감을 품었고, 크기에서 중국과는 비교할 수 없을 정도로 하찮았던 나라가 갑작스럽게 부상하자 이 국민에게 굴욕을 안겨주려 했다. 이런 상황은 지

7 1875년 9월 20일에 일본의 군함 운요오호(雲揚號)가 불법적으로 강화도에 들어왔다가 수비대와 전투가 벌어졌다. 이를 빌미로 일본은 1876년 1월 30일에 군함과 함께 전권대사를 보내와 협상을 강요했고, 그리하여 강화도 조약이라는 불평등 조약이 체결되었다. 이를 오카쿠라는 친교를 위해 맺은 수호조약인 것처럼 이야기하고 있다.

●

조르쥬 비고(Georges Bigot, 1860~1927)가 그린 풍자화(1887년 작). 일본과 중국(청)이 서로 낚으려고 하는 조선을 러시아도 노리고 있다.

난 세기에 오스트리아와 프로이센 사이에 벌어진 칠주전쟁[8] 전의 형국과 닮았는데, 실제로 그것은 한 번쯤 결말을 지어야만 했던 집안 싸움의 결과였다. 오스트리아와 헝가리의 내분, 만주와 중국 본토의 내분에서는 훨씬 더 큰 유사성을 볼 수 있다. 왜냐하면 북경의 만주 조정과 북중국의 총독들이 [외국의] 호전적인 군대에 의해 집중 포위되었을 때,[9] 남방의 중국인들은 냉담하기만 했으며 심지어는 일본의 성공에 기뻐하기까지 했다. 이 사실을 우리는 기억해야 한다. 또 여기에서 중국이 우리 손에 쉽게 패배할 수밖에 없었던 원인들 가운데 하나를 엿볼 수 있다.

조선의 지배권을 쥐려고 오랫동안 노력해온 중국은 조선 정부 내의 알력으로 기회를 잡았다. 동양의 전제정치에 숙명적으로 따르는 내각과 내실의 반목이 다시 한 번 모든 문제의 실질적인 원인이 되었다.[10] 서울의 계몽적 정치가들[11]에게 국가의 개방과 자원의 계획적 개발은 아주 만족할 만한 일이었다. 그러나 내실의 여인들

---

8 칠주전쟁(七週戰爭) : 1866년 여름에 독일 통일을 놓고 프로이센과 오스트리아가 벌인 전쟁이다. 독일 통일의 주도권 싸움은 1848년의 프랑크푸르트 국민의회에서 소(小)독일파의 승리로 프로이센 측에 유리하게 되었고, 프로이센은 1862년에 재상 비스마르크의 철혈정책 하에서 군비를 확장하고 프로이센에 유리한 일련의 국제외교 공작을 전개했다. 프랑스의 중립을 보장받고 이탈리아와는 공수동맹을 맺었으며, 슐레스비히-홀슈타인 문제를 계기로 군을 오스트리아령 홀슈타인으로 진주시켜 1866년 6월에 드디어 개전했다.

9 의화단 운동(1899~1901)이 북경의 외국인 지구를 위협하자 1900년 여름에 영국과 프랑스, 독일, 일본 등 8개국 연합군이 북경으로 진격해 포위했다.

10 흥선대원군 일파와 민비 일파의 대립과 갈등을 가리킨다.

11 조선의 개화파 인사들, 즉 김옥균·박영효·서재필 등을 가리킨다.

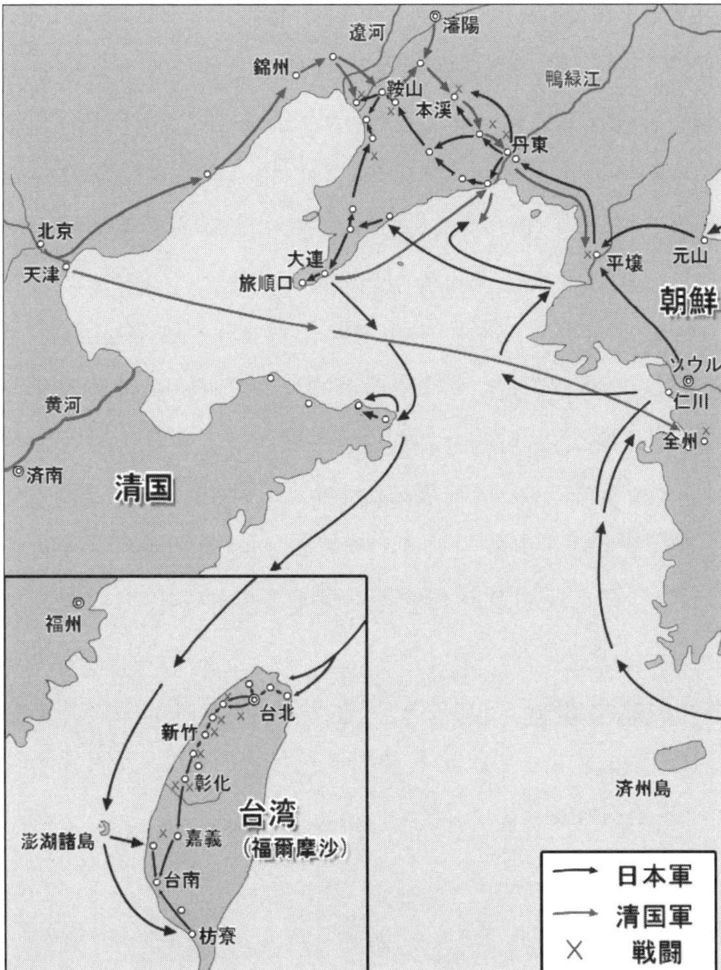

遼河
瀋陽
錦州
鞍山
本渓
鴨緑江
丹東
北京
天津
大連
旅順口
平壌
元山
朝鮮
ソウル
仁川
黄河
全州
済南
清国
福州
台北
新竹
彰化
台湾
(福爾摩沙)
澎湖諸島
嘉義
台南
枋寮
済州島
日本軍
清国軍
戦闘

●

청일전쟁의 전투 지도

은 내각이 의욕적으로 수립하려고 한 자유주의적 정부 형태에서는 자신들의 특권을 상실할까 두려웠다. 내실은 중국에 원조를 호소했고, 반면에 진보적인 내각은 일본의 조력을 얻으려 애썼다. 외교적 대결이 이어졌는데, 언제나 그러했듯이 여인들의 승리로 끝났다.

조선 정부에 대한 실제적인 지배권은 1894년에 중국이 차지했다. 그리고 중국은 우리의 항의에도 아랑곳없이 대규모의 군대를 그쪽에 파견해 조선반도에 영원히 정착하기로 결정했다. 이 전쟁의 역사는 세상에 널리 알려져 있다. 평양은 또 다른 사도바(Sadowa)[12]였고, 우리 군대는 여순항(旅順港)을 포함하여 남만주 전체를 정복했다. 1895년에 평화조약이 조인되었는데, 이 조약에서 중국은 조선의 독립을 완전히 인정했고, 전쟁의 막바지에 우리가 점령했던 영토와 아울러 대만을 우리에게 할양했다. 이 조약으로 우리는 전쟁의 목적을 달성했으니, 그것은 중국으로부터 그 이상의 어떠한 위험에도 대비할 수 있는 안전장치로서 조선의 영토를 온전하게 보호하는 일이었다. 황해를 사실상 지배함으로써 우리의 불안은 진정되었다.

---

12 1866년의 칠주전쟁에서 프로이센이 오스트리아군을 격파한 곳으로, 체코슬로바키아 서부에 있었다. 일본군은 청일전쟁에서 평양을 습격하여 청나라 군대를 격파했다. 이를 오카쿠라는 '또 다른 사도바'라 표현한 것이다.

황색 재앙

삼국동맹이 우리의 정당한 승리에 간섭한 것[13]은 그때였다. 평화의 이름으로 러시아는 독일과 프랑스의 지지를 받아 우리가 새롭게 점령한 만주 지역을 포기하라고 강력하게 요구했다. 이 예상하지 못했던 일격은 우리가 전쟁에서 치른 엄청난 희생을 생각하면 통렬한 것이었다. 그러나 우리는 세 열강이 연합하여 요구하는 것을 거절할 처지에 있지 못했으므로 그저 따를 수밖에 없었다. 더욱이 그들의 간섭은 평화라는 신성한 이름을 내세우고 한 일이었으므로 우리 국민은 감수해야만 했다.

곧바로 러시아 제국은 우리에게 철수하라고 했던 그 여순항을 뻔뻔스럽게도 자신들이 점령했다. 그것은 괴상한 조치로 보였지만, 우리는 그런 행위에 아무런 반대도 하지 못했다. 왜냐하면 유럽의 외교술에 관한 한 풋내기였던 우리는 국가 간의 도의를 여전히 믿고 있었고 또 러시아인들이 자신들의 의도는 일반적인 통상의 이익에 있을 뿐이라고 선언했을 때 그 정중한 말을 신뢰했기 때문이다. 9년이 흘렀고, 그사이에 그들의 진짜 속셈이 드러났다. 그런데 그들이 만주를 차지하는 것뿐만 아니라 조선까지 병합하기로 결정했다는 사실을 알았을 때, 우리는 더없이 큰 충격을 받았다. 우

13 흔히 삼국간섭이라 부른다. 청일전쟁에서 승리한 일본이 시모노세키 조약으로 요동 반도를 차지하자 러시아, 독일, 프랑스가 일본의 철수를 요구하며 외교적 개입을 한 일이다. 이 삼국간섭이 러일전쟁의 원인 가운데 하나였다.

리 쪽에서는 항의에 항의를 거듭했다. 러시아도 약속에 약속을 거듭했지만, 결코 이행하지 않았다. 그러는 사이에 러시아는 만주에 대규모의 군대를 투입하고 있었고, 그 전위대는 조선에까지 들어갔다. 그들은 역린(逆鱗)을 건드렸고, 우리는 결연하게 일어섰다. 요동의 험준한 산들과 황해의 큰 파도 사이에서 우리는 치명적인 싸움에 돌입했다. 우리는 모국을 위해 싸웠을 뿐만 아니라 최근 메이지유신의 이상을 위해서 또 고전 문화의 고귀한 유산을 위해서, 그리고 모든 아시아에 장려한 재생을 가져다줄 평화와 조화라는 꿈들을 위해서 싸웠다.

누가 황색 재앙을 말하는가? 중국이 일본의 지원을 받아서 그 군대를 유럽으로 돌진시킬지도 모른다는 발상은, 만약 그런 발언으로 주의를 끌려는 것이 아니라면 그야말로 너무나 터무니가 없어서 주목할 가치도 없다. '황색 재앙'이라는 표현은 독일이 산동반도를 병합하려고 준비하면서 처음 만들어낸 것이라는 사실[14]에 대해서는 널리 알려져 있지 않은 듯하다. 그래서 자연스럽게도 우리는, 러시아가 만주와 조선을 차지하려고 무장(武裝)한 손으로 굳게 악수를 한 바로 그때에 언젠가는 러시아가 [황색 재앙을] 외칠지도

14 독일 황제 빌헬름 2세(1859~1941)가 주창한 <황색인종 억압론>에서 나온 말이다. 빌헬름 2세는 중국의 침략을 두려워하는 유럽 통치자들의 관심을 끌려고 황색 재앙이라는 말을 만들어서 공포심을 퍼뜨렸다. 나중에 러일전쟁에서 일본이 승리했을 때 일본이 중국과 동맹해 서구를 위협할 것이라며 또 이 용어를 써서 공포를 조장하려고 했다.

●
1904년 서울을 무단 점령한 일본군

모른다고 의심하게 되었던 것이다.

달에서도 볼 수 있을 정도로 긴, 지구상의 유일한 건축물인 중국의 만리장성은 그런 재앙의 가능성에 대해 항의하는 기념비로서 서 있다. 이 고대의 누벽(壘壁)은 산해관(山海關)[15]에서 동관(潼關)[16]까지 뻗어 있는데,[17] 외국의 침입을 막기 위한 방벽으로서뿐만 아니라 중국인이 그 야심을 스스로 제한한 영토적 경계로서 세워진 것이었다. 2100년이라는 존속 기간 동안에 이따금씩 돌격대가 관문을 나서기는 했지만, 약탈을 일삼는 부족들을 응징할 목적으로 그렇게 했을 뿐이다. 중국에서 전승되는 설화에는 대항해나 십자군 원정과 같은 모험담도 없고 마케도니아의 정복이나 로마의 개선과 같은 이야기도 없다는 사실은 특별히 주목할 만한 가치가 있다. 트로이 전쟁에 관한 서사시나 바이킹의 무용담을 중화의 문학에서는 흔적조차 발견할 수 없다. 그러니 이렇게 황색 재앙이라고 외치는 소리는 틀림없이 중국인에게는 얄궂게 들릴 것이다. 저 중국인들은 그야말로 무저항이라는 전통적인 정책 때문에 지금도 백색 재앙의 격통 속에서 신음하고 있기 때문이다.

또 오랫동안 세계의 다른 나라들로부터 자발적으로 고립되어

---

15 중국 하북성(河北省) 동북쪽 끝, 발해만 연안에 있는 친황다오시(秦皇島市)에 있다.

16 중국 섬서성(陝西省) 위남(渭南)에 있는 현(縣).

17 오늘날에는 만리장성의 서쪽 끝을 훨씬 더 서쪽으로 보아서, 감숙성(甘肅省)의 가욕관(嘉峪關)이라 한다. 동쪽으로는 고구려의 성들까지 포함해서 만리장성이라 한다. 이 또한 왜곡이고 날조라 할 수 있다.

있었던 일본의 전 역사는 [황색 재앙이라는] 그런 외침을 우스꽝스럽게 만든다. 현대의 상황이 아무리 변했다고 하더라도 일본이나 중국이 갑작스럽게 유목민적 본능을 발현하거나 괴멸적인 유린의 길로 나서리라고 가정할 이유는 없다.

역사가 되풀이되는 것이라면, 실제 재앙이 다시 세계를 위협한다면, 그 재앙은 초원지대의 역사적 요람지에서 생겨나지 황하와

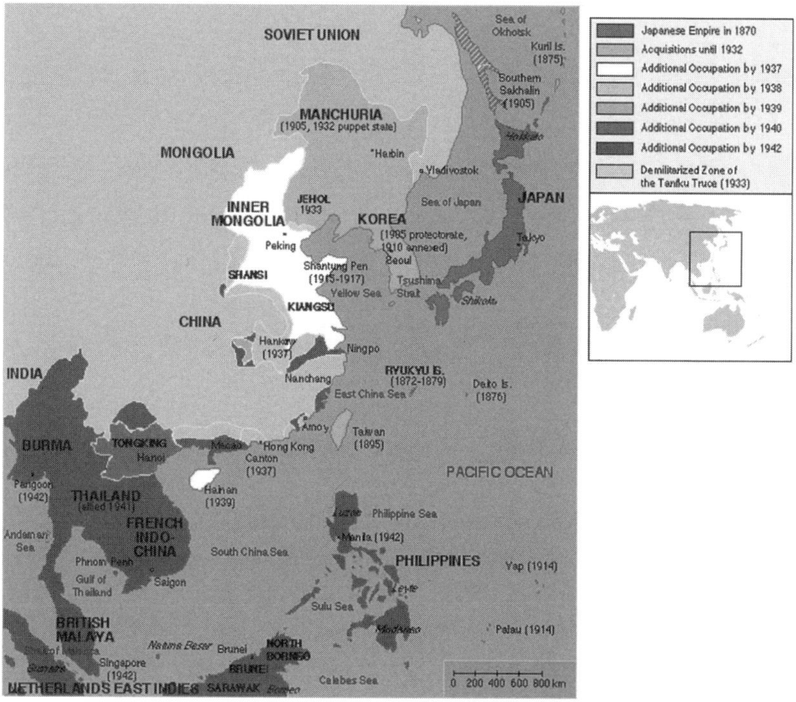

1870년에서 1942년까지 일본 제국의 세력 판도

양자강의 비옥한 유역에서는 생겨나지 않으며, 일본 열도의 계단식 산허리에서도 생겨나지 않는다. 고대에 고트족, 반달족, 훈족, 몽골 등이 그 유목 군대를 이끌고 유럽과 남방 아시아를 갑자기 습격한 것도 러시아 제국의 영역 안에서부터였다. 칭기즈 칸과 티무르[18]의 무시무시한 후예들인 시베리아의 코사크인들이나 타타르인들이 여전히 길들여지지 않은 채로 방랑하고 있는 곳은 아무르강(黑龍江)가에서 우랄 산맥의 기슭까지 이어진, 높게 자란 풀들이 바람에 물결치는 초원이다. 북경과 만주에서 일어난 잔학 행위에서 그리고 최근에 벌어진 키시네프(Kishinev) 참사[19]에서 온 세계 사람들은 러시아인들의 잔인성이 한번 풀리면 그들 군대로부터 예상할 수 있는 일이 무엇인지를 볼 수 있다. 러시아가 지금 극동의 평화로운 국민들에게 전가하는 그 재앙의 가능성에 대해서는 그 자신에게 책임이 있다.[20]

---

18 티무르(帖木兒, 1336~1405)는 티무르 제국(1369~1508)의 건설자다. 티무르 제국은 중앙아시아를 중심으로 메소포타미아와 코카서스에 이르는 광대한 지역을 통치했다.

19 키시네프(또는 키시너우)는 현재 몰도바의 수도로, 드네스트르강의 지류인 비크강 연안에 위치하며, 오데사의 북서쪽 약 100km 지점에 있다. 20세기 초 제정 러시아에서는 정부의 악정이 극에 달하여 국민의 불만이 폭발 직전에 있었는데, 정부는 모든 책임을 유대인에게 전가시켜 그 박해를 선동했고, 1903년 4월과 1905년 10월 두 차례에 걸쳐 키시네프 유대인들을 대량 학살했다. 이 학살을 러시아어로 '포그롬'이라 부르는데, 오카쿠라는 본문에서 '키시네프 참사'라 했다.

20 러일전쟁은 1904년 2월 8일에 발발해 1905년 가을까지 계속되었다. 2월 10일에 일본은 러시아에 선전포고를 했는데, 그에 앞서 2월 8일에 여순항에 있던 러시아의 극동 함대를, 2월 9일에는 제물포항의 전함 두 척을 공격했다. 이 전쟁은 러시

동양의 밤은 걷혔지만

전쟁은 언제쯤 그칠까? 서양에서는 국가들 간의 도의가 개인의 도덕이 도달했던 그 수준에 훨씬 미치지 못하고 있다. 침략국의 국민들은 양심도 없고, 기사도 정신은 모두 약소민족을 박해하는 동안에 잊혀졌다. 자신을 지킬 용기와 힘이 없는 자는 예속될 수밖에 없다. 여전히 칼이 우리의 가장 충실한 벗임을 생각하면, 참으로 서글프다. 병원과 어뢰, 기독교의 선교사와 제국주의, 평화의 보증서로서 거대한 군비의 유지 등 유럽이 보여주는 이 기묘한 조합들은 무엇을 의미할까? 이러한 모순이 동방의 고대 문명에서는 존재하지 않았다. 일본의 왕정복고의 이상은 그런 것이 아니었고, 유신의 목적도 그런 것이 아니었다. 동양의 밤이 드리웠던 휘장은, 우리를 덮고 있었던 그 휘장은 걷혔지만, 세계는 여전히 인간애의 어스름 속에 있음을 우리는 안다. 유럽은 우리에게 전쟁을 가르쳤다. 언제쯤 그들은 평화의 축복을 배울까?

아가 아닌 일본이 먼저 공격함으로써 시작되었다. 이 책에서 이미 여러 차례 러일전쟁에 대해 언급하고 있는 것으로 보아서는 오카쿠라도 전쟁의 시작에 대해 충분히 알고 있었으리라 여겨진다. 그럼에도 전쟁의 책임과 원인이 전적으로 러시아에 있는 것처럼 서술하고 있다.

연표•

	인 도	중 국	일 본
기원전	623 붓다	604 노자	660 일본 최초의 천황
		551 공자	
	243 아소카	221 진 왕조	
		202 한 왕조	
기원후	50 카니슈카	67 불교 전래	
		220 삼국시대	285 유교 전래
		268 육조 왕조	
	550 비크라마디티야		552 불교 전래
		618 당 왕조	700 나라 시대
	800 상카라차리야		800 헤이안 시대
		907 오대	900 후지와라 시대
		960 송 왕조	
	1024 가즈니의 마흐무드	1100 몽골의 등장	1150 천황 통치의 쇠퇴
	1219 몽골 침략의 시작	1200 칭기스 칸	1192 카마쿠라 막부
		1260 원 또는 몽골 왕조	1281 몽골 침입
			1334 일시 회복된 천황 통치
	1398 타메를란[티무르]	1368 명 왕조	1338 아시카가 막부

• <연표>는 오카쿠라 텐신이 작성했다. 그의 역사 이해와 역사인식의 일면을 엿볼 수 있으므로 수정 없이 원문 그대로 제시했다.

	인 도	중 국	일 본
기원후	1526 무굴 제국		1583 타이코오 히데요시
	1664 시바지, 마라타 제국의 왕	1664 만주 왕조	1660 토쿠가와 막부
	1757 플라시 전투		
	1803 위대한 무굴의 최후	1800 아무르강의 러시아인들	1806 러시아의 에조 침입
		1842 아편 전쟁: 홍콩의 영국인	
	1858 영국의 인도 지배		1853 페리 제독의 내항
		1860 여름 궁전 약탈	1860 히코네 번주 사망
			1861 쿄오토에서 다이묘오들 회합
			1867 마지막 쇼오군 케이키 사임
			1868 왕정복고, 천황 통치
		1874 프랑스의 보호령 안남	
			1894 중국과 전쟁
		1896 여순항의 러시아, 교주만의 독일	
			1904 러시아와 전쟁

해제

해제 1

이상한 '동양의 이상'

이 글에서는 『동양의 이상』에 드러난 의미와 숨은 의미를 밝히려 한다. 『동양의 이상』은 저자인 오카쿠라 텐신의 인식이 이중성을 띠고 있음을 잘 보여주는데, 그 이중성은 텐신에게만 해당되는 것이 아니다. 텐신 이전에 에도 시대의 지식인들부터 메이지 시대의 지식인들까지, 심지어 오늘날의 지식인들에게도 대체로 해당된다. 그럼에도 많은 연구자들이 그 점을 간과했는데, 그것은 일본의 지성사가 어떻게 전개되어 왔는가에 대한 이해와 통찰이 결여된 탓이다.

굳이 이 책에서 『동양의 이상』을 다루는 까닭은 『일본의 각성』에서 노골적으로 드러내는 텐신의 의도, 즉 일본의 군국주의자들 또는 제국주의자들의 입맛에 꼭 맞는 논리가 거기에 이미 내재해 있기 때문이다. 어떤 점에서 내재해 있다고 하는지 자세하게 살

핀다. 이 글에서 『동양의 이상』(산지니, 2011)에서 인용한 대목은 쪽수만 제시하고, 텐신의 다른 저술의 경우에는 책명과 함께 쪽수를 제시한다.

1. 묘한 제목 '동양의 이상'

"아시아는 하나다"라는 선언적 문장으로 『동양의 이상』(1903)은 시작된다. 이 문장은 서구 열강의 침략과 압박에 대해서 아시아가 하나로 뭉쳐서 대응해야 한다는 의미를 담고 있다. 그런데 중요한 것은 '하나됨'이 어떤 방식으로 이루어져야 하는가다. 오카쿠라 텐신의 주장을 '아시아주의'로 명명하는 데에 찬성한 대부분의 연구자들은 이 점을 간과했다. 그리고는 1930년대에 대동아공영권 건설을 꾀한 군국주의자들이 아시아를 침략하는 이념적 근거로 이 아시아주의를 이용한 데 대한 책임이 텐신에게도 있는지 없는지를 따졌고, 대체로 텐신에게는 그럴 의도가 없었다는 결론을 내렸다. 문제는 '하나됨'의 진정한 의미를 밝히지 않은 상태에서 그런 결론을 내렸다는 사실이다. 먼저 그 의미를 밝혀야만 텐신의 의도와 인식도 드러나기 때문이다.

'하나됨'에 숨은 의미 또는 의도가 있다고 여길 만한 이유는 『동양의 이상』의 영문 제목에 실마리가 있다. 영문 제목은 "일본 미술과 특별히 관련지어서 본 동양의 이상들"(Ideals for The East with Special Reference to the Art of Japan)이다. 동양의 이상들이 일본 미술에 고스란히 남아 있다, 또는 배어 있다는 뜻을 피력한 셈이다. 일본 미술, 나아가 일본의 문화를 통해 일본이 동양의 이상을 구현하는 주체가 되기에 적합함을 알려주려고 저술하지 않았을까 추측하게 만든다. 실제로 그런 의도로 저술되었다. 이 책은 전체적으로 '일본의 고대'에서 시작해 '메이지 시대'로 이어지는 일본의 역사적 전개에 따라 일본 미술의 갖가지 양상들과 특성들을 서술하고 있다. 그러니 "아시아는 하나다"라는 선언을 문자 그대로 받아들이는 것은 좋게 말해서 "순진한 짓"이다.

이중적이라고 볼 수밖에 없는 이런 묘한(?) 제목을 내걸고서 "아시아는 하나다"라고 한 데에 그럴 만한 계기나 이유가 있었으리라 여겨진다. 그러므로 우선 그 계기부터 살펴보는 것이 마땅한데, 두 명의 주요한 인물을 거론하지 않을 수 없다. 첫째는 미국인 어네스트 훼놀로사(Ernest F. Fenollosa, 1853~1908)이며, 둘째는 인도의 종교인이자 힌두 사상가인 스와미 비베카난다(Swami Vivekananda, 1863~1902)다.

텐신은 서구와 무역을 활발히 하면서 서구 문물이 들어오고 있던 요코하마에서 태어나 자랐고, 상인이던 부친에 이끌려 일찍부터 영어를 배우게 되었다. 그 덕분에 토오쿄오외국어학교에 진학했고 이어 토오쿄오카이세이학교(東京開成學校, 나중에 토오쿄오대학)에 들어가 정치학과 경제학을 배웠다. 그러다가 이 대학에서 정치경제학과 철학을 가르치던 훼놀로사를 만났다. 훼놀로사는 일본의 사원과 신사를 탐방하고 싶어서 영어에 능숙했던 텐신을 조수로 썼다. 텐신은 그를 따라 다니며 자국의 문화들을 접하면서 특히 일본의 미술에 깊이 빠져들었고, 인생 행로도 자연스럽게 결정되었다. 1880년에 대학을 졸업한 뒤에 텐신은 문부성에 근무하면서 일본 미술의 조사 및 미술 행정에 깊이 관여했다.

1884년에 텐신은 훼놀로사와 함께 "회화를 감정하는 모임"인 칸가카이(鑑畵會)를 결성했는데, 메이지 유신 이후 급격하게 진행되던 서구화로 말미암아 멸시받던 일본 미술을 보존하고 진흥하는 것을 목적으로 세운 단체였다. 그러한 활동은 1889년에 토오쿄오미술학교(東京美術學校)의 설립으로 이어졌고, 처음에 교수로 부임했던 텐신은 이듬해에 교장이 되었다. 이 학교에 있으면서 '일본미술사'를 강의한 것으로 알려져 있다. 『동양의 이상』의 얼개도 그 강의에서 이미 갖추어졌으리라 생각된다.

주로 일본 미술을 조사했던 텐신은 1890년대에는 중국에까지 가서 현장 조사를 하며 식견을 더욱 넓혔다. 이를 통해 일본미술사를 거시적으로 조망할 수 있는 시각을 마련했으리라 여겨진다. 그러다가 1901년에는 인도로 여행을 가서 이듬해까지 머물게 되었는데, 이때 타고르와 비베카난다를 만나 교류하게 되었다. 특히 비베카난다로부터 인도의 베단타 철학을 접하고 '아드바이타(Advaita)' 곧 '불이일원론'을 배웠다.

불이일원론에서는 온 우주의 물질적 근원이 신, 즉 브라흐만(Brahman)이다. 신이 창조한 이 세계는 무수한 차별이 존재하는 마야 곧 환영일 뿐이고 실체가 없는 것이다. 그럼에도 인간은 무지로 말미암아 이 현상 세계를 실재라 여긴다. 만약 이 세계의 본질을 알게 된다면, 유일하고 참된 실재인 브라흐만과 개별적이고 인격적인 원리인 개인의 자아 곧 아트만(Atman)이 하나임을 깨달아서 완전한 정신적인 자유를 얻게 된다. 브라흐만과 아트만이 본래 동일한 존재이며 하나라는 것이 '범아일여(梵我一如)'이며, 이러한 논리가 불이일원론이다. 이 철학을 대표하는 이는 8세기의 철학자인 샹카라차리야(Shankaracharya)인데, 텐신도 자주 언급하고 있다.

텐신이 베단타 철학의 불이일원론에 얼마나 깊이 빠져들었는가는 다음 문장으로 짐작할 수 있다. "힌두교는 이제 다시 한 번 국민 생활의 포괄적인 형식으로서 인식되었다. 샹카라차리야에 의한 위대한 베단타 철학의 부활은 곧 불교를 흡수하고 동화하여 새롭게 역동적인 형태를 갖추고 나타난 사건이다. 그리고 이제 수세기나 떨어져 있는 시대임에도 불구하고, 일본은 유례가 없을 정도로 사상의 모국[인도]에 가까이 이끌려가고 있다."(89~90쪽) 인도를 사상의 모국이라고 말했을 정도다. 그리고 이 말의 의미는 결코 예사롭지 않다. "아시아는 하나다"라는 표현이 아시아가 '불이(不二)'라는 뜻을 드러낸 것이면서 동시에 일본을 중심으로 한 '일원(一元)'이 되어야 한다는 의도를 담은 것으로 여겨지기 때문이다.

결국 "일본 미술과 특별히 관련지어서 본 동양의 이상들"이라는 길고 묘한 제목은 훼놀로사와 비베카난다로부터 받은 영향이 뒤섞여 있음을 말해준다. 물론 그 영향은 텐신의 인식 속에 녹아들어 전혀 다른 꼴을 하고 있음도 사실이다. 일본 미술의 독특성을 꿰뚫어본 훼놀로사를 통해서는 일본 민족의 우월성에 대한 확신을 가졌고, 세상의 대립과 갈등 이면에 존재하는 절대적인 원리로서 통일성을 이야기한 비베카난다로부터는 만세일계의 황통과 천황제를 정당화할 근거를 찾아냈기 때문이다. 따라서 『동양의 이상』은 순전히 텐신의 독자적인 사유의 결과물이며, 『일본의 각성』도 마찬가지다.

2. 아시아를 하나로 만든 유교와 불교

"아시아는 하나다"라고 한다면, 어떤 점에서 '하나'라는 것일까? '하나'라고 할 수 있는 근거는 무엇인가? 아래의 문장을 보라.

> 아시아는 하나다. 공자의 공동사회주의를 가진 중국 문명과 베다의 개인주의를 가진 인도 문명을 히말라야가 가르고 있는데, 이는 오로지 강력한 두 문명을 두드러져 보이게 할 뿐이다. 하지만 그 눈 덮인 장벽조차도 궁극적이고 보편적인 것을 향한 열망의 드넓은 확장을 가로막을 수는 없었다. 그리하여 그 열망은 모든 아시아 민족에 공통된 사유의 유산을 물려주어, 그들로 하여금 세계의 모든 위대한 종교를 낳게 할 수 있었고, 또 개별적인 것에 골몰하면서 삶의 목적이 아니라 수단을 탐구하는 지중해·발

트해 연안 민족과 구별되게 하였다.(20~21쪽)

텐신에게 아시아는 오늘날의 동아시아만이 아니라 인도를 포함해 동남아시아와 중동 지역까지 아우르고 있음을 알 수 있다. 그리고 이 아시아는 위 글의 끝에서 거론된 "지중해·발트해 연안 민족"이라는 표현을 통해 서구 유럽 즉 당시의 서구 열강을 염두에 둔 개념임이 분명하다. 이는 역사적으로 또 현실적으로 아시아 문명과 유럽 문명이 세계의 두 축이었다고 본 것이며, 무력을 앞세워 전 세계를 식민지화하고 있던 유럽의 횡포에 맞서고 그것을 저지할 수 있는 세력은 아시아뿐임을 의미한다.

텐신은 유럽 문명이 개별적인 것에 골몰하고 삶의 목적보다 수단을 중시한다고 말했다. 반면에 아시아 문명은 개별적인 것보다 공동체에, 삶의 수단보다 목적에 중점을 둔다고 보았다. 이런 가치는 중국 문명과 인도 문명에서 비롯되었다고 하는데, 구체적으로는 유교와 불교를 지칭한다. 위 문장에서는 불교가 명시되어 있지 않으나, 베다의 전통에서 비롯되어 아시아에 널리 전해진 것으로는 불교뿐이기 때문이다. 힌두교는 인도 내에서만 지속적인 의의를 지녔으므로 제외된다. 불교와 버금가는 것으로는 이슬람을 꼽을 수 있겠으나, 텐신의 사유에서는 배제되어 있다.

『동양의 이상』에서 텐신은 3장을 '유교—북방 중국'으로, 5장을 '불교와 인도예술'로 설정했다. 이에 더해 4장에 '노장사상과 도교—남방 중국'을 두어서 유교와 불교에 도교까지 포함시켰다. 그러나 엄밀하게 말하자면, 유교와 노장사상은 아시아 전체가 아닌 동아시아에서만 공유한 유산이었고, 특히 종교로서 도교는 중국 외의 나라에 끼친 영향이 매우 적으며 한정적이었다. 이로써 보면, 실질적으로 아시아가 하나의 문명이 될 수 있게 한 것은 불교라고 해도 과언은 아니다. 그럼에도 유교가 포함된 것은 텐신이 동아시아인이기 때문이며, 도교와 노장사상이 거론된 것은 텐신이 미술사가이기 때문이다.

아시아가 하나인 근거로 유교와 불교를 들었다면, 텐신은 구체적으로 유교와 불교의 어떤 점에 주목했을까? 유교는 공자의 사상을 바탕으로 발전된 것인데, 텐신은 "공자는 도덕의 종교 곧 인간에 대한 인간의 신성화를 실현하는 일에 이바지하였다. … 삶의 조화야말로 그가 지향하는 궁극이었다"(45쪽)라고 말했다. 도덕과 조화를 유교적 이상으로 본 것이다. 동아시아에서 유교가 사회 윤리이면서 정치 원리일 수 있었던 것도 이 이상 때문이었다. 또 "유교는 나중에 불교가 종자를 뿌릴 토양을 제공해주었다"(55쪽)고도 했다. 그런데 텐신은 예술적 관점에서 유교의 한계를 지적했다. "유교적 이상은 필연적으로 예술의 자유를 제한하였다"(55쪽)고 한 것이 그것이다. 유교의 도덕과 예법이 예술에는 제약으로 작용했다는 뜻이다. 이는 동아시아 예술론을 주도해온 노장사상을 한결같이 예찬한 것과 사뭇 다른데, 예술을 중시한 텐신이었으므로 기이한 일은 아니다.

그렇다면, 불교는 어떻게 보았는가? 텐신은 불교에 대해 "동방 아시아 사상의 모든 하천이 합류하는 이상주의 또는 유심론(唯心論)의 거대한 바다"(22~23쪽)라고 했으며, "불교는 일종의 성장하는 종교다"(74쪽)라고도 했다. 불교를 포용성이 있을 뿐만 아니라 끊임없이 발전하고 성장하는 역동적인 종교로 본 것이다. 『일본의 각성』에서도 "기원후 초기 몇 세기 동안에 중국과 그 동쪽에 전래된 불교는 베다(Veda)의 이상과 유교의 이상을 하나의 직물 속에 짜 넣어 굳게 뭉치고서는 아시아의 통합을 이루어냈다"(25쪽)고 말했다.

실제로 불교는 포용성이 있어 아시아 곳곳으로 전파되면서 각 민족의 토착 신앙과 다양한 방식으로 혼합하거나 융합한 역사를 보여준다. 그러나 동시에 그 포용성은 상이한 철학적 해석에 기반한 갖가지 논쟁을 초래했고 다양한 종파들을 낳기도 했다. 얼핏 모순으로 보이는 이런 이중성은 교조인 부처의 깨달음에서 비롯된 필연적인 결과이며 불교 철학의 탁월함을 반증하는 것일 뿐이라고 텐신은 보았다.

모든 법을, 진리를 온전히 깨달은 부처의 경지를 흔히 "원만구족(圓滿具足)"으로 표현하면서 생각으로는 헤아릴 수 없고 말로도 표현할 수 없어 "불가사의(不可思議)하다"고 경탄한다. 모순되는 것, 대립되는 것, 이질적인 것 들이 모두 어우러져 있다는 뜻에서 그렇게 표현한 것이다. "원만구족 그 자체를 표현하기 위해서는 필연적으로 상반되는 것의 대조에 기대지 않으면 안 된다. 그리고 다양성 속에서 통일성을 구한다고 하는 것, 곧 보편적인 것과 특수한 것 안에는 동시에 참되고 개성적인 것이 있다고 주장하는 그 선언적인 말에서 우리는 이미 그 교의의 분화를 상정하게 된다"(80쪽)라고 서술한 것을 보면, 텐신도 아시아의 불교 미술들을 두루 조사하고 연구하면서 불교의 요체가 다양성 속의 통일성, 보편성과 특수성의 융합에 있음을 터득했던 듯하다.

그런데 텐신이 특히 주목한 것은 불교의 교리보다는 유교와 마찬가지로 불교가 현실 정치에서 어떤 구실을 했는가였다. 외형적으로는 미술사를 논하는 것처럼 보이는 『동양의 이상』이 실제로 지향한 바가 무엇인지 드러나는 부분이다. 근대 이전에 일본의 미술 작품들은 대개 불교와 밀접한 관련이 있었고, 텐신은 그 작품들을 '불이일원론'에 입각해 추상적이고 관념적인 용어로 해석했다. 그런데 그 해석은 단순히 미학적인 해석이 아니었다. 미학의 외피를 쓴 정치적인 해석이나 다름이 없었다.

텐신은 헤이안 시대의 불교 예술에 대해 서술한 다음, 이렇게 이어간다. "이 시대에 이르자 그동안 흡수했던 문화의 갇힌 에너지는 이 민족이 생활과 이상 양쪽에 걸쳐서 민족 특유의 형태를 발전시키도록 촉진시켰다."(142쪽) 이 시대란 헤이안 시대를 잇는 후지와라 시대(900~1200)다. 그 시대에 일본의 민족정신은 인도의 이상을 완전히 파악해서 독자적으로 실현하는 것을 목적으로 삼았다고 한다. 그러면서 "이 점에 있어서 일본인은 훨씬 더 인도인과 친연성을 갖고 있었으며, 중국인보다는 유리한 입장에 서 있었다"(143쪽)고 덧붙였다. 일본의 예술과 문화가 계속해서 불교 중심으로 전개된 사실을 두고 이렇게 말한 듯한데, 아닌 게 아니라 미술사를 통해 민족적 우열론을 펼치면서 일본 민족의 우월함이 증명되었다는 논리를 펴고 있다.

텐신은 『일본의 각성』에서 "사실상 불교와 유교의 가르침들은 결코 국가의 문제들에 간섭하지 않았고, 그 감화는 오로지 복종과 평화 애호의 관념을 강요하는 방향으로만 작용했다"(77쪽)고 말했다. 복종과 평화 애호! 유교와 불교에서 추출해낸 이 두 가지는 이미 『동양의 이상』에도 내재해 있던 것들이다. 아니, 텐신의 아시아주의를 지탱하는 두 축이라 해도 과언은 아니다. 아래의 글을 보라.

> 중국의 도덕에 따르면, 사회의 단위는 상하 복종 관계 위에서 이루어지는 가족으로, 여기에서는 농부조차 황제와 똑같이 중요하다. 그 가부장적인 독재자는 상호 의무를 지는 거대한 공동체적 형제애의 수장 자리에 자신의 덕성을 통하여 앉게 되는데, 그것은 전적으로 자신의 동의와 선택에 따른 것이다. 인생에서 최고의 규범은 공동체에 대한 자기희생이다.(45~46쪽)

텐신은 상하 관계를 사회의 기본적인 관계로 보고 있다. 이는 "하나의 살아 있는 자유의 정신으로서 생활과 사상 그리고 예술"(38쪽)을 운운하고 또 "민주주의의 정신"(190쪽)과 "민주적 예술"(198쪽)을 운운한 텐신의 발언이라고 보기에는 좀 터무니없어 보이지만, 오히려 텐신의 미술사 인식과 그가 주장하는 아시아주의가 어디에 바탕을 두고 있는지를 명확하게 보여준다. 텐신의 삶이 거의 정확하게 '메이지 시대'와 겹친다는 점을 생각하면, 서구화를 지향한 메이지 유신의 한계 또한 그의 삶에 고스란히 배어 있다고 말할 수 있다. 서구의 민주적 정치 제도들을 채택하고 신분 제도에서 "사농공상"의 차별을 폐지했음에도 '천황제'만은 어찌하지 못한 것 말이다.

"농부조차 황제와 똑같이 중요하다"는 텐신의 발언은 얼마나 모순적인가? 그러나 텐신에게는 전혀 모순이 아니었다. 텐신의 인식에서는 둘의 신분 차이가 전혀 충돌하지 않았으니, 둘 다 가부장의 자리에 있으면서 자기 의무를 다한다는 공통점만이 중시되기 때문이다. 신분의 차별을 부정하고 평등을 주장하려는 생각은 전혀 없었다고 할 수 있다. 이런 인식에서 "공동체에 대한 자기희생"은 필연적으로 가부장이나 전제 군주에 대한 "복종"과 동의어일 수밖에 없다.

"아시아는 하나다"라고 선언한 텐신이 아시아 문명의 근간이자 동질성을 유지하는 요체로 유교와 불교를 꼽은 것은 타당한 일이었다. 그런데 유교와 불교로써 다양성과 통일성을 강조하던 그가 정치적으로 의미를 부여한 것이 결국 복종과 자기 희생이었다는 사실은 인식의 틀이나 논리의 부당함을 넘어 더 큰 중요성을 갖는다. 평화 애호와 결합됨으로써 이 복종은 강자의 약자에 대한 침략과 지배를 옹호하는 관념이 되기 때문이며, 불이일원론의 '일원'이 필연적으로 일본 내에서는 '천황'을, 아시아에서는 '일본'을 지칭하는 것으로 원용될 것이기 때문이다.

3. '하나'에 숨은 일본의 우월론

『동양의 이상』은 원제가 "일본 미술과 특별히 관련지어서 본 동양의 이상들"이라고 이미 말했다. 텐신이 미술사가라는 점을 감안하면, '일본의 예술'을 논의의 중심에 둔 것은 당연할 수 있다. 그러나 "아시아는 하나다"라고 주장한 그가 '일본의 예술'을 통해서 '동양의 이상'에 대해 말한다는 점은 간과할 수 없는 중요성을 갖는다. "일본 예술의 역사는 아시아적 이상의 역사—연속되는 동방 사상의 물결이 각각 민족적 의식에 부딪칠 때마다 파문을 남기는 해안—가 된다"(27쪽)라고 말한 데서 드러나듯이 텐신에게 '동양의 이상'은 이미 '일본의 예술'에 역사적으로 내재해 있는 것이어서 그 이상을 구현하는 주체는 필연적으로 '일본'일 수밖에 없다는 의미가 된다.

텐신은 유교와 불교를 통해 "아시아의 여러 민족이 단일하고 강력한 조직망을 형성해왔다"(22쪽)고 말했다. "단일하다"는 말은 복잡하고 다양하다는 것을 전제로 한 표현이다. "아랍의 기사도(騎士道), 페르시아의 시, 중국의 윤리, 인도의 사상은 모두 단일한 고대 아시아의 평화를 말해주는데, 그 안에서는 서로 다른 지역에서 서로 다른 특색을 지닌 꽃이 피어나지만 단단하게 고정된 구분선을 그을 수가 없는 그런 공통된 삶이 자라났다"(22쪽)는 말에도 암시되어 있다.

이렇게 아시아의 각 민족들은 서로 영향을 주고 받으면서도 독자적인 문화를 창조하고 향유하며 전승해왔다. 심지어 아시아에서 끊임없이 침입과 약탈을 저질렀던 타타르의 여러 민족조차도 "그 천성을 발휘해서 새로운 상징주의, 새로운 조직, 신심(信心)의 새로운 힘을 가져와서는 그 신앙의 보고(寶庫)에 더하는 기여를 했다." (23쪽) 그런데 이렇게 아시아 문명을 풍부하게 만든 민족들 가운데서도 일본이 단연 돋보인다는 것이 텐신의 견해다.

텐신은 『일본의 각성』에서 "우리에게 고대 문화를 전수해주고 우리에게 재생할 수 있는 씨앗을 뿌려준 것은 아시아였다. 우리의 기쁨은, 아시아의 모든 민족들 가운데서 우리 자신이 계승자의 자격이 있음을 입증하도록 허락받았다는 그 사실에 있다"(24쪽)라고 말한 바 있다. 일본 밖의 아시아가 일본에 문화를 전수해주었다는 것은 사실이다. 그런데 일본이 "계승자의 자격이 있음을 입증하도록 허락받았다"는 말은 대체 무얼 의미하는가? 다른 민족에게는 계승자의 자격이 없다는 말인가? 그리고 누가 허락했다는 말인가?

> 일본은 아시아 문명의 박물관이다. 아니, 박물관 그 이상이다. 왜냐하면 이 민족의 비범한 천성은 옛것을 잃어버리는 일 없이 기꺼이 새것을 받아들이는 불이일원론(不二一元論)의 정신 속에서 과거의 이상(理想)에 있어 모든 면을 깊이 헤아리게 하였기

때문이다.(26쪽)

일본이 "아시아 문명의 박물관"이라는 사실이 계승자의 자격이라 했다. 어느 면에서는 타당한 말이다. 유교와 불교를 비롯한 갖가지 사상과 문물들, 이른바 선진 문화는 대개 중국에서 한반도를 거쳐 일본으로 전해졌다. 특히 한반도가 일본에 선진 문화를 전해준 주요 지역이었음은 일본의 각종 문헌에도 기록되어 있고 일본에 전하는 예술 작품들도 그 점을 입증해준다. 미술사가인 텐신이 "박물관"이라는 표현을 쓴 것도 그 때문인데, 흥미롭게도 한반도에 대해서는 별로 언급하지 않았다. 어쨌든 일본은 오랫동안 동아시아 문화의 종착점이었으면서 외침을 거의 받지 않았고, 이에 더해 "옛것을 잃어버리는 일이 없는" 일본 민족의 천성으로 말미암아 보존과 전승도 잘 되었다. 게다가 임진왜란 때 조선에서 훔쳐간 것들은 또 얼마나 많은가. 이렇게 해서 중국과 한반도에서는 사라진 수많은 문헌과 예술 작품들이 일본에는 남아 있게 되었으니, "아시아 문명의 박물관"이라 자부할 만하다.

그렇지만 박물관은 풍부한 유물을 보존하고 전시하는 곳으로, 역사적 지속성과 문화적 다양성을 보여줄 수 있을 뿐이다. "아시아 문화의 역사적 풍부성을 그 비장(秘藏)된 표본을 통해서 연속적으로 연구하는 것은 오로지 일본에서만 가능하다"(24쪽)고 텐신도 말했던 것처럼 어떠한 연구든 가능한 곳이라고 말할 수는 있다. 이로써 일본이 계승자의 자격이 있음을 입증하는 데에 유리한 지점에 있다고 말한다면, 그것은 적절하고 타당하다. 그런데 텐신은 "박물관 그 이상이다"라고 확언했다. 메이지 시대에 급속한 서구화와 산업화를 이루어 서구 열강에 맞설 만한 국력을 키운 일본이라고 해도 아직은 일본이 계승자의 자격을 갖추었다고 단정하기는 어려운데도 말이다. 텐신도 그렇게 생각했을 듯한데, 그럼에도 그의 의식 한켠에는 이미 일본이 그런 자격을 갖추었다는 확신이 자리하고 있었던 듯하다.

사실 위에서 말한 "불이일원론의 정신"이라는 것도 텐신이 베단타 철학에서 빌려온 것에 지나지 않으며, 본래의 의미를 그대로 살려서 썼다고 말하기 어렵다. 사물과 현상의 실재에 대한 심오한 이론인 불이일원론을 고작 옛것을 잃어버리지 않는 보존 능력과 기꺼이 새것을 받아들이는 수용 능력을 '비범한 천성'으로 드높이기 위해 남용했으니, 아전인수 격으로 해석한 셈이다. 이는 "이 복잡성 속의 통일성을 특히 명료하게 실현한 것은 일본의 위대한 특권이었다"(23쪽)고 단언하기 위한, 일종의 포석으로 여겨진다. 요컨대 일본의 우월성을 포장하기 위해 불이일원론을 끌어온 것에 지나지 않다는 말이다.

"복잡성 속의 통일성을 실현했다"는 말은 그 창조적 능력이 탁월했다는 뜻인데, 이를 "일본의 위대한 특권"이라고 말하려면 일본이라는 박물관에서 오로지 일본인의 작품에서만 그런 통일성이 발견되어 그 창조성이 입증되어야 한다. 실제로 그러한가? 『동양의 이상』에서 텐신은 일본의 예술사를 통해 '동양의 이상'이 일본에서 구현될 수밖에 없는 필연성을 서술하려고 했다. 즉 아시아 문명의 계승자로서 자격이 일본에 있음을 보여주려 애썼다. 이러한 노력은 그 자체로 꽤 성공을 거두었다. 이 책을 읽은 서양의 독자들, 특히 서구의 지식인들은 그의 관점과 견해에 따라 아시아를 보았고 또 20세기를 거치면서 서구의 일반적 인식으로 자리 잡았으니 말이다. 심지어 한국의 연구자들조차 비판하기보다 동조하는 편이다.

그러나 『동양의 이상』에서 텐신이 거론하고 있는 일본의 예술 작품들을 찬찬히 들여다보라. 빼어난 창조성은 대개 중국과 한국에서 전해진 작품들에서 발견될 뿐이고, 일본인의 작품들은 대체로 독특하고 유별난 점이 두드러질 따름이다. 통일성이나 보편성을 운위하기 어려울 정도다. 대체 어디에서 "일본의 위대한 특권"이 발휘되었는지 종잡기 어려우며, 텐신 스스로도 구체적으로 기술하지 못했다. 텐신이 일본의 우월성을 강조하기 위해 엄정한 해석이 아니라 매우 주관적이고 추상적인 표현을 동원해 '과도한 규정'을 남발한 것도 그 때문이다.

민족주의와 인종주의가 극성이던 시절에 텐신의 아시아주의에 일본의 우월론이 내재해 있음을 비난하기만 할 수는 없다. 문제는 텐신이 역사적으로 우연적인 사태를 필연적인 사실로 규정하고 과도하게 해석하면서 일본의 우월성을 확언했다는 점이다. 텐신이 "끊어지지 않고 이어지는 황통이라는 독특한 축복, 정복당한 적이 없는 민족의 당당한 자신감, 팽창하지 않은 대가로 대대손손 전해진 관념과 본능을 지켜온 섬나라 특유의 고립”(23쪽) 등을 일본이 우월하다는 근거로 내세웠다는 데서 그 점은 확인된다. 이는 사실과 관념을 혼동한 데서 비롯된 것으로, 필연적으로 비약을 초래하게 된다. “일본에 대한 아시아 대륙의 접촉이 언제나 새로운 생명과 영감을 낳았다는 사실은 아시아 대륙의 영광이다”(38쪽)라고 말하게 될 정도로.

흥미롭게도 텐신의 이런 자부심은 아시카가(足利, 1400~1600) 시대의 예술을 논하면서 “이 시대 일본의 작품과 그리스-로마의 작품 사이에서 볼 수 있는 친연성은 그 정신적 환경이 서양의 고전 시대 민족들의 그것과 근본적으로 유사한 데서 기인한다”(166쪽)고 말하는 데까지 이어진다. ‘친연성’과 ‘근본적인 유사성’은 정신과 물질의 합일을 추구한 것을 두고 한 말인데, 그 근거를 제시하지 못했다. 앞서 말한 바처럼 텐신의 주관적이고 관념적인 판단에 지나지 않음을 의미한다. 또 중요한 것은 아시아에서 오로지 일본만이 그리스-로마와 근본적으로 유사하다고 본 점이다. 그리스-로마는 유럽 문명의 원천이므로 일본이 곧 유럽과 동일한 수준의 문명을 이룰 수 있다는 뜻을 드러낸 대목이기 때문이다. 서구 열강 앞에서 무력하게 굴복한 아시아의 현실에서 이런 주장은 일본의 우월론일 수밖에 없다.

‘동양의 이상’이라는 제목과 “아시아는 하나다”라는 선언은 역사적으로 문화적으로 아시아 문명이 동질적이라는 사실을 서술하려고 의도한 것처럼 보인다. 그러나 실제로는 일본이 다른 아시아 국가들보다 우월하다고 하는 내용으로 가득하다. 이는 "아시아의 하나됨"이 '대등으로서 하나'로 위장된 '차등으로서 하나'임을 의미한다. 사실, 이 의미는 『동양의 이상』 곳곳에서 표현되어 있고 또 일관되게 강조되고 있으므로 "숨겨져 있었다"고 말하는 것은 적절하지 않다. 1930년대 일본의 군국주의자들이 이 주장과 논리를 그대로 끌어와서 아시아 침략의 논거로 삼은 것도 그런 의미가 "숨겨져 있지 않아서"였다.

4. 오래된 착각과 이상한 '이상'

"아시아는 하나다"라는 선언은 얼핏 아시아의 대동단결을 주창하는 것으로, 즉 아시아의 연대를 지향하는 것으로 여겨질 수 있다. 그러나 『동양의 이상』 어디에도 그 점은 명시되어 있지 않다. 아시아 문명을 유럽 문명과 날카롭게 대비시키며 동양의 이상에 대해 말하고는 있으나, 그 이상의 구현을 아시아 각국이 일제히 나서서 할 수 있고 또 해야 한다는 언급은 찾아볼 수 없다. "아시아를 다시금 일으켜 세워서 옛날처럼 확고부동하고 강력하게 만들어줄" 존재는 오직 일본뿐이라는 점을 강조하고 있을 따름이다.

왜 텐신은 동양의 이상을 구현할 나라가 일본밖에 없다고 여겼을까? 일본의 예술뿐만 아니라 인도와 중국의 예술들도 두루 조사하고 연구했는데 말이다. 더구나 일본의 미술 작품들 가운데는 한

반도로부터 전해진 것들이 매우 많다는 사실을 알고 있었을 텐데. 텐신이 애초에 엄정하고 객관적인 시각을 지니지 못한 탓으로, 마루야마 마사오처럼 그가 태생적으로 시인이어서 역사를 낭만적으로 볼 수밖에 없었던 탓으로 돌린다면, 충분히 해명되었다고 할 수 있을까? 메이지 시대 이전과 이후의 지식인들에게서도 텐신의 인식과 유사한 인식들을 쉽게 찾아볼 수 있다는 사실은 그런 해명이 온당하거나 적절하지 못함을 일깨워준다.

텐신은 7장에서 '나라 시대'의 예술과 이상을 서술하면서 낙양에서 만난 세 여행자에 대한 설화를 들려준다.

> 한 명은 인도에서 왔고, 또 한 명은 일본에서 왔으며, 다른 한 명은 중화 바로 그 땅에서 왔다. "그런데 우리가 여기서 만난 것은 마치 부채를 만드는 것과 같소. 중국의 나는 부채의 종이, 인도에서 온 그대는 부챗살, 우리 일본인 손님은 작지만 반드시 있어야 하는 부채고리라오!"(118쪽)

필자가 과문한 탓일지 모르나, 이런 이야기는 처음 듣는다. 중국이나 인도에서 이런 설화를 전하는지는 제쳐두더라도 일본이 아시아에서 인도와 중국에 견줄 수 있는 유일한 나라임을 말하고자 한 의도를 담고 있음은 확실하다. 당나라 때는 분명히 일본의 역사에서 일본인들이 가장 많이 중국에 다녀온 시대이기는 했다. 주로 사신과 승려들이었지만. 그러나 그들을 중국으로 건네준 배는 신라의 배였다는 사실 또한 널리 알려져 있다. 즉, 일본이 자체적으로 선박을 운행해서 중국에 가지 못하고 신라의 상선에 기대야만 하는 수준이었다. 선박 건조 기술에서도 신라에 한참 미치지 못했는데, 기술이 아닌 철학과 예술에서 과연 일본이 신라에 미칠 수 있었을까? 신라는 적어도 인도나 중국처럼 자신의 문화, 독창적인 문화를 일본에 전해주었다. 백제와 고구려 또한 마찬가지였다. 반면에 일본이 자신의 문화를 한반도나 중국에 전한 적이 있었던가? 그런 사실을 알려주는 사료는 거의 찾아볼 수 없다. 그런데 어떻게 한반도의 신라를 제쳐두고 일본이 인도와 중국에 버금간다는 확신을 할 수 있었을까?

일본의 문화가 우월했으면 하는 "아주 질긴 열망"에서 나온 설화라고 보는 것이 타당하다. 그리고 그 열망이 끝내 역사를 올바로 인식하지 못하고 관념과 사실, 허구와 실제를 혼동하고, 열망과 현실을 뒤섞으며, 이상이 과거에도 실현된 것으로 착각하게 만들었다고 보아야 한다. 아마도 그 착각은 『니혼쇼키(日本書紀)』(720년)의 편찬에서부터 시작되었다고 할 만한데, 텐신이 일본인의 기질로 내세운 '집요함'과 결합되어 에도 시대에 코가쿠(古學)나 코쿠가쿠(國學) 등 학문을 통해 더욱더 공고해지고 메이지 유신으로 이어졌다.

> 시초부터 중단되지 않고 이어온 〔천황의〕 통치권의 그늘 아래서 길들여진 이 민족의 기이한 집요함, 창시한 사람들조차 내

버린 지 이미 오래된 중국이나 인도의 이상을 우리 사이에 퍼져 있는 완전한 순수성 속에 보존해오고 있는 바로 그 집요함, 후지와라 문화의 섬세함에 기뻐하면서 동시에 카마쿠라의 무사적 충정에 푹 빠지고 아시카가의 엄격한 순결을 애호하면서도 토요토미의 화려한 장관(壯觀)도 관용하는 저 집요함이, 돌연하고 불가해한 서양사상의 쇄도에도 불구하고 오늘날 일본을 본래대로 보존하고 있는 것이다. 근대 국가의 생활은 강제로 일본에 새로운 색깔을 띠게 하고 있다. 그럼에도 불구하고 [일본이] 변함없이 그대로 머물고 있는 것은 당연히 선조에 의해 훈육된 저 아드바이타(不二一元) 사상의 근본적인 지상 명령 덕분이다.(216~217쪽)

텐신은 일본의 역사를 왜곡하지도 않았고 일본인들을 착각으로 내몰려고 의도한 바도 없다. 그렇지만, 위의 글에서 나타나듯이 일본인의 "기이한 집요함"을 무슨 창조적 능력인 것처럼 서술했고, "조장된 착각"의 실체를 전혀 파악하지 못한 채 '미술사'의 틀 속에 집어넣어 '새로운 형식'으로 포장했으며, 심지어 유교와 불교의 철학 및 베단타 철학의 불이일원론을 동원해서 옹호론을 펼쳤다. 이는 왜곡과 착각을 바로잡아야 하는 지식인의 책무를 망각한 것이다. 안타깝게도 텐신은 자신의 인식이 오래된 왜곡과 착각에서 비롯된 것임을 알아채지 못했다. 그 무지가 이중적이고 모순된 이상한 '동양의 이상'을 외치게 했고, 나아가 당당하게 '일본의 각성'을 촉구하게 만들었다.

해제 2

어긋난 '일본의 각성'

여기서는 『일본의 각성』에 나타난 텐신의 역사인식을 주로 다룬다. 에도 시대 이후로 지금까지 일본 지식인들에게서 거의 공통적으로 발견할 수 있는 것이 '신화의 역사화'와 '왜곡된 역사인식'이다. 가끔 예외적인 지식인이 존재했지만, 말 그대로 '예외'일 따름이다. 일본이 메이지 시대에 '혁명'이 아니라 '유신'을 한 것도, 아시아를 침략하며 태평양 전쟁을 일으킨 것도, 수탈과 착취, 학살, 성노예 등 자신들이 저지른 온갖 만행에 대해 반성할 줄 모르는 것 따위가 모두 그릇된 역사인식에서 비롯되었다. 텐신이 말한 '집요함'이 거기에도 작동하고 있다. 아시아주의를 외친 텐신이 침략을 옹호하고 정당화한 것도 그 집요함에서 벗어나지 못한 탓이라 해도 과언은 아니다.

이 글에서 『일본의 각성』에서 인용한 대목은 쪽수만 제시하고,

다른 저술의 경우에는 책명과 쪽수를 함께 제시한다.

1. 왜 '아시아'가 아닌 '일본'의 각성인가

오카쿠라 텐신은 『동양의 이상』(1903)에 이어 곧바로 『일본의 각성』(1904)을 저술했다. 애초에 의도했든 의도하지 않았든 간에 두 저술은 긴밀하게 이어져 있다고 보는 것이 적절하다. 실제로도 그렇다. 다만, 앞서 '동양'의 이상을 말한 것과 달리 뒤에서는 '동양'의 각성이 아닌 '일본'의 각성이라 한 점이 의문이다. 먼저 이 점부터 해명할 필요가 있다.

텐신은 『일본의 각성』 이전에 『동양의 각성』(The Awakening of the East)을 먼저 썼다. 그런데 생전에 그 원고를 공개하지 않았다. 『동양의 각성』은 대략 1902년에 쓴 것으로 추정되는데, 이는 『동양의 이상』과 거의 동시에 저술되었음을 의미한다. 그렇다면 더더욱 『동양의 이상』과 함께 출판하는 것이 마땅했는데, 그렇게 하지 않았다. 왜 텐신은 『동양의 각성』을 출판하지 않았을까?

텐신의 영문 저서들 대부분은 1920년대에 비로소 일본어로 번역되기 시작했고, 1930년대에 대거 출간되었다. 경제 대공황으로 말미암아 일본에서도 정치와 사회의 불안정이 심화되어 내각을 군부가 장악하고 군국주의를 강화하던 시기였다. 일본은 1931년에 군부가 만주 사변을 일으켰고, 1936년에는 군부 독재 체제가 성립되었으며, 1938년에는 국가 총동원법이 공포되어 전시 체제로 돌입했다. 『동양의 각성』은 1938년에는 『이상의 재건』이라는 제목으로, 1939년에는 『동양의 각성』이라는 제목으로 각각 번역되어 출판되었다. 이리하여 독자는 서구인도 아시아인도 아닌 일본인이 되었고, 일본인들 가운데서 특히 군국주의자들이나 극우파 지식인들이 주목했다.

『동양의 각성』에서 첫 문장은 "아시아의 형제자매 여러분!"이다. 확실히 아시아인들을 대상으로 쓴 글임을 알 수 있다. 그리고 "범아시아주의 동맹은 그 자체로 헤아릴 수는 없는 힘이지만, 우선 각각의 민족이 자기자신의 힘을 느끼지 않으면 안 된다. 외국의 원조는 아무리 우호적이고 동정적이라 해도 이것에 조금이라도 의존하는 것은 허용하기 어려운 나약함이므로 우리가 착수하고 성취하려고 하는 대의와는 어울리지 않는다"(『岡倉天心全集』 1권, 163쪽)는 내용을 보면, 아시아인들이 각성하기를 바라는 마음이 담겨 있는 것도 사실이다. 그런데 전체적으로는 『일본의 각성』과 거의 대동소이한 내용과 어조로 이루어져 있다. 요컨대 『동양의 각성』은 『일본의 각성』가 크게 차이 나지 않는다는 말이다. 그러면, 텐신이 『동양의 각성』 원고는 묻어둔 채 『일본의 각성』을 새로 저술해 내놓은 까닭은 무엇인가?

> 일본의 갑작스런 발전이 외국의 관찰자들에게는 대체로 하나의 수수께끼였다. 일본은 꽃들과 철갑의 나라, 돌진하는 영웅

적 행위와 우아한 찻잔의 나라이며, 신세계와 구세계의 여명기에 기묘한 그림자가 서로 교차하는 이상한 경계의 땅이다. 최근까지 서양은 일본을 중시하지 않았다. 한 무리의 민족들 사이에서 한 자리를 차지하려는 우리의 노력이 이룬 그런 성공이 현재 많은 사람들의 눈에는 기독교 세계에 대한 일종의 위협으로 보인다는 것은 흥미로운 일이다.(21쪽)

『동양의 이상』에서 "아시아는 하나다"라고 말했다면, 마땅히 아시아가 함께 공존하고 공생할 길을 모색했어야 마땅하다. 그런데 일본은 메이지 시대에 갑작스런 발전을 이룩했다. 그동안 일본을 중시하지 않았던 서양 세계에서 "일종의 위협"으로 느낄 정도의 수준에 이르렀던 것이다. 반면에 아시아의 다른 나라들, 오래도록 일본보다 앞섰던 인도는 영국의 식민지로 전락한 지 오래고, 중국도 과거의 낡은 족쇄에 묶인 채 서구 열강의 압박에 무너지고 있었다. 이제 아시아에는 일본과 견줄 만한 나라나 민족은 없어진 셈이다. 중국과 인도를 여행하면서 텐신이 목도한 풍경들은 더욱더 그런 확신을 심어주었을 것이다. 그리하여 '아시아'의 각성이 아닌 '일본'의 각성에 대해서 말하는 것이 적절하다고 판단했으리라.

일본을 현재의 위치로 끌고 온 힘은 외국 문화의 다양한 방식들을 채용하는 일본의 능력에도 있지만, 외국 문화의 교지(敎旨)를 흡수하여 동화시키는 선천적인 활력에도 그에 못지않게 기인

한다는 사실을 그들은 잊고 있다. 개인에서와 마찬가지로 민족에서도 진정한 진보는 외부로부터 들어온 지식의 축적이 아니라 내부의 자기실현으로 이루어진다.(23~24쪽)

외래 문화를 흡수하여 동화시키는 능력을 텐신은 "선천적인 활력"이라 표현했는데, 이는 그의 일관된 관점이다. 『동양의 이상』에서도 "옛것을 잃어버리는 일 없이 기꺼이 새것을 받아들이는 불이일원론(不二一元論)의 정신"을 운운하면서 '비범한 천성'이라 했다. 사실 이런 능력은 일본 민족에게만 있는 것이 아니다. 이웃해 있던 조선 민족에게도 있었다. 심지어 조선은 독창적으로 발전시켜서 일본에까지 전해주었다. 그럼에도 흡수와 동화를 일본 민족만의 천성이자 능력이라 여긴 것은 왜곡된 역사의식 탓이다.

텐신은 구체적이고 생생하게 표현된 미술들을 통해서 고대부터 근대까지 일본의 역사를 이해했던 미술사가다. 더구나 아시아의 대표적인 두 문명인 인도와 중국의 예술에 대해서도 나름 식견을 갖춘 인물이다. 그럼에도 관념적이고 편향된 인식을 지니게 된 것은 그 스스로 말했듯이 일본의 문화와 일본인의 의식 속에서 끈질기게 작동하고 있는 '집요함' 때문이다. 아래에서는 그 집요함이 『일본의 각성』에서는 어떤 방식으로 표현되고 있는지, 역사인식의 측면에서 살펴보기로 한다.

2. 몽골의 침략과 아시아의 쇠퇴

텐신의 아시아주의는 쇠퇴한 아시아와 강력한 유럽의 대결이라는 구도 속에서 출발한다. 그렇다면 왜 아시아는 쇠퇴했는가에 대한 물음이 자연스럽게 제기된다. “아시아는 하나다”라는 선언으로 시작하는 『동양의 이상』에서 텐신은 아시아의 쇠퇴에 대해 아래와 같이 썼다.

> 흉노족이나 석가족, 크샤트리아의 냉혹한 조상인 대월지족 등은 칭기즈 칸이나 티무르가 이끈 몽골 대폭발의 선구자들이었다. 몽골 대폭발은 천자의 땅을 휩쓸고 그 땅을 벵골 탄트리즘으로 침수시켰고, 인도 반도에는 몽골의 정치와 예술로 물든 이슬람 제국주의를 범람시켰다.(『동양의 이상』, 21~22쪽)

13세기 초 몽골이 아시아 전역으로 정복 전쟁을 확장하기 전에도 이미 침략 전쟁은 있었다고 했으나, “몽골 대폭발”이라는 표현에서 짐작할 수 있듯이 그 어떤 침략보다도 파괴적인 결과를 빚은 것은 몽골의 침략이라는 것이 텐신의 판단이다. 『동양의 이상』은 일본 예술의 탁월함과 보편적 가치를 부각시키려는 의도를 깔고 있는 저술이므로 몽골의 침략에 대해서도 예술을 비롯한 문화유산과 관련해서 언급했다. 그리하여 텐신은 “문학과 폐허 외에는 당 황제들의 영광이나 송나라 사회의 전아함을 상기시켜줄 그 어떤 표지도 남지 않게 되었다"(『동양의 이상』, 23쪽)라고 말하고, 그 이상은 말하지 않았다.

그런데 『일본의 각성』에서는 몽골의 침략이 갖는 역사적 의의에 대해 노골적이라고 할 정도로 아주 분명하게 지적하고 있다. 『일본의 각성』은 1장이 '아시아의 밤'이다. 19세기에 서구 열강이 침략해 올 즈음, 아시아는 깊은 밤처럼 암담하고 암울한 상황이었다는 것이 표명되어 있다. 텐신은 "아시아의 쇠퇴는 오래전 13세기 몽골의 정복과 함께 시작되었다"라고 말하면서 6백여 년 전부터 아시아에 밤이 드리워지기 시작했다고 보았다.

> 칭기즈 칸이 이끄는 몽골 기병대는 이 문명 지대를 황폐화시켜 이곳을 그들이 출발했던 곳과 같은 사막으로 만들어버렸다. 스텝 지대의 전사들이 중국 및 인도의 풍요로운 유역에 나타난 것은 그때가 처음은 아니었다. 흉노족이나 스키타이인이 이 나라들의 국경을 일시적으로나마 지배하면서 고통을 준 일이 가끔 있었다. 그렇지만 얼마 뒤에는 쫓겨나거나 평원의 평화로운 생활에 젖어들었다가 결국 흡수되거나 했다. 그런데 이 마지막 몽골의 폭발은 그 이전과는 비교할 수 없는 엄청난 것이었다.(27~28쪽)

몽골의 정복 전쟁이 아시아 전역을 황폐화시킨 것은 사실이다. 수많은 도시들이 파괴되고 무수한 인명이 살상되었으며, 오래 이어지던 왕조들이 멸망했다. 그 파괴적인 전쟁은 아랍 지역을 초토화시켰고, 전 유럽을 공포에 떨게 했다. 몽골이라는 한 민족에 의해 광범위한 영역에서 일방적으로 이루어진 이 전쟁은 오래도록 이어지던 문명들을 일거에 파괴했으므로 문명사적 전환을 초래했다. 전대미문의 대사건이요 대폭발이었다.

그런 몽골 군대가 고려를 침공해 30여 년 만에 간신히 항복을 받아냈다. 당연히 일본에까지 그 소식은 전해졌다. 곧이어 몽골과 고려의 연합군이 일본을 침략해 왔다. 이미 소문만으로도 온몸이 오싹해질 수밖에 없었을 텐데, 무수한 함선들이 일본 열도에 나타났을 때는 어떠했을까? 그때의 공포심은 일본인 특유의 집요함으로 말미암아 오래 기억되면서 실제 경험보다 훨씬 강렬해졌던 듯하다. 일본에서 우는 아이를 달랠 때에 겁을 주기 위해 쓰는 "무쿠리코쿠리(むくりこくり)"라는 말에 그 기억이 잘 새겨져 있다. 이 말은 "몽골과 고려의 귀신이 온다"는 뜻으로, 1274년과 1281년 두 차례에 걸쳐 몽골과 고려 연합군이 침입해 왔을 때의 공포심이 그대로 배어 있다.

> 우리 자신이 대륙의 이웃 나라들과 오래도록 맺어온 관계도, 중국을 정복한 몽골 지배자들이 13세기 후반에 우격다짐으로 한국을 동맹국으로 삼아 일본을 침략하려고 한 뒤로는 이지러지기 시작했다. 그들의 호전적인 태도는 거의 40여 년 동안 계속되었다. 그러나 섬나라라는 형세와 우리 사무라이들의 용맹 덕분에 그들의 공격을 성공적으로 격퇴시킬 수 있었는데, 그럼에도 그들

의 침략에 대한 기억은 지워 없앨 수가 없었고 심지어는 우리 쪽에서 보복적인 조치를 취하려고까지 했다. 당 및 송 왕조의 조정과 맺었던 고대로부터의 우호 관계에 대한 기억은 사라졌다.(29쪽)

몽골과 고려의 호전적인 태도가 40여 년 동안 이어졌음에도 일본은 사무라이들의 용맹 덕분에 격퇴시킬 수 있었다고 했다. 공포스런 침략자의 함선들을 침몰시킨 "카미카제(神風)" 덕분에 일본인들은 신이 가호하는 나라라는 자부심과 우월 의식을 갖게 되고, 이전부터 거론되던 "일본은 신국(神國)이다"라는 관념도 강해졌다. 중국과 한국 모두 몽골의 침략으로 예전의 영광을 잃었을 때 오로지 일본만이 건재했으니, 그럴 만도 했다. 더구나 몽골로 말미암아 일본이 고대로부터 이어지던 대륙 국가들과의 우호 관계도 끝장났다고 했다. 이는 일본이 대륙의 영향에서 벗어나 독자적인 역사와 문화를 전개해 나갔다는 사실을 강조한 것이다. 어쨌든 텐신은 몽골의 침략에서 아시아의 파괴와 쇠퇴를 읽었다.

그런데 역사적으로 전쟁과 파괴는 새로운 변화나 혁신으로 이어지는 경우가 허다했다. 몽골의 정복 또한 크게 보면 그러한 경우였다. 오래 지속되던 체제와 이념이 깡그리 무너진 것이 사실이지만, 곧이어 그를 대체할 새로운 체제와 이념이 등장한 것 또한 사실이다. 가령, 텐신은 "인간의 진보에서 아주 본질적이라 할 수 있는 교통의 흐름이 갑작스럽게 멈추어버렸던 것이다"(29쪽)라고 말했으나, 이는 사실과 다르다.

몽골의 정복은 파괴만 남긴 게 아니었다. 칭기즈 칸에서 시작된 정복은 그 뒤를 이은 여러 '칸'들에 의해서 '세계제국'의 건설로 이어졌다. 중원의 원나라를 비롯해 차가타이 칸국, 일 칸국, 킵차크 칸국 등으로 구성된, 이른바 '대몽골 울루스'다. 이 제국의 영역은 역사상 가장 광범위했으므로 원활하게 통치하기 위해서는 그에 걸맞은 교통과 통신의 연결망이 필요했다. 그리하여 창출된 제도가 '역참 제도'로, 역참들은 중국에서 흑해 연안까지 걸쳐 있었으며 매우 효율적으로 운영되었다고 알려져 있다. 가령, 북중국과 제국의 수도인 카라코룸 사이에는 30킬로미터마다 역참 하나씩을 두어서 모두 37개의 역참을 두었고, 이를 이용해 날마다 500량의 수레가 식량, 음료 들을 가득 싣고 카라코룸으로 들어갔다고 한다. 이렇게 역참 제도를 통해 아시아 전역과 유럽은 이전보다 훨씬 더 긴밀하게 연결되었고, 교역 또한 더욱더 활발해졌다. "교통의 흐름이 멈추어버렸다"고 말한 텐신의 견해와는 상반되는 결과를 낳은 셈이다. 마르코 폴로의 『동방견문록』에도 몽골이 정치와 경제, 문화 모든 면에서 얼마나 정교하고 화려하며 풍부한 제국을 이루었는지 생생하게 기록되어 있다.

그러면 몽골의 침략에 대한 텐신의 견해는 부정적이기만 했는가? 아니다. 긍정적으로 해석하기도 했다.

몽골의 폭발이 불교 국가와 기독교 세계에 각각 끼친 영향을 대조해보면, 누구라도 강렬한 인상을 받지 않을 수 없다. 지중해나 발트해의 해양 민족들은 오래도록 서로 침략을 한 덕분에 유목민 침입자들의 이 소름끼치는 습격에 잘 대응할 수 있었다. 잠깐 동안의 역전임에도 유럽은, 동양의 우리에게는 재앙이었던 그 고투에서 몇 가지 이득을 얻었다고 말할 수 있을 정도다. 오늘날 유럽을 그토록 가공할 만한 존재로 만든 단결력이 맨 처음 발휘된 것은 바로 그때였다. 타타르 유목민을 대신하고 사라센 및 오토만 제국의 창건으로 귀결된 몽골의 폭발은 서유럽의 여러 민족들로 하여금 공동의 적에 맞서도록 협력할 기회를 제공해주었다.(30~31쪽)

몽골의 유럽 침략이 유럽을 분열에서 단결로 이끌어 가공할 만한 존재로 만드는 계기로 작용했다고 텐신은 말했다. 확실히 몽골의 강력하고 신속한 기마 군대가 폴란드와 헝가리에 들이닥쳤을 때, 유럽의 여러 민족들은 단결했다. 그러나 그것은 임시적이고 일시적인 현상일 뿐이었다. '십자군 전쟁'이라는 성전(聖戰)에서도 분열과 갈등을 거듭했던 유럽인들 아니던가. 그런 일시적 단결이 유럽을 근대 열강의 지위에 오르게 했다고 보기는 어렵다. 오히려 몽골이 건설한 세계 제국과 교통하고 소통하면서 유럽이 성장했다고 보는 것이 타당하다. 그럼에도 텐신이 위와 같이 해석한 까닭은 유럽의 성장과 아시아의 쇠퇴를 한꺼번에 설명하려는 의도와, 일본이 아시아 문명의 박물관으로서 우월적인 지위를 차지하게 된 결정적 계기가 몽골의 침략이었다는 인식 때문이었으리라.

3. 일본의 침략과 왜곡된 역사인식

몽골의 침략에 대해 텐신이 그토록 부정적으로 말할 수밖에 없었던 것은 그들의 경험 탓이기도 하다. 그런데 생각해보면, 일본은 중국에서 송나라가 멸망하고 한반도에서 고려가 초토화되는 정도의 참혹한 경험을 한 것도 아니다. 물론 몽골과 고려의 연합군이 침략해 온다는 소식만으로도, 무수한 함선들의 출몰만으로도 극심한 공포를 느낄 수는 있다. 그럼에도 몽골 군대에 온 나라가 짓밟히는 경험을 한 중국이나 한국에 견주면 거의 피해가 없었다고 해도 과언이 아닌 일본에서 몽골의 침략에 대해 훨씬 과도한 반응을 보이는 까닭은 무엇인가? 침략을 당한 경험이 거의 없었기 때문이다.

> 13세기에 시도된 몽골의 침략은 중국의 전위에 선 조선인에 대해 우리 안에 증오심이 일게 했다. 그런데 우리의 유일한 보복 행위로는 타이코오(太閤) 히데요시의 유례가 없는 원정이 있었을 뿐인데, 16세기에 히데요시는 숙적으로 여겼던 그들과 진검승부를 벌이기 위해서 군대를 조선으로 이끌었던 것이다. 그러나 우리의 국민적 정서는 외국 정복에 대해 오랫동안 공감할 일이 없었으므로 그가 죽자 타이코오의 군대도 이내 철수되었다.(244쪽)

『일본의 각성』에 나오는 위의 대목을 보면, 텐신은 일본이 조선을 침략한 일을 몽골 침략에 대한 보복으로 해석하고 있다. 무려 3백여 년 전 일에 대한 보복이라니. 텐신이 말한 일본 민족의 그 '집요함'인가? 참으로 집요함이 있다면, 왜 고대에 한반도에서 선진 문물을 전해준 일에 대해서는 기억하지 않고 말하지 않는 것일까? 이는 단순히 과거 사실에 대한 기억의 문제로 그치지 않는다. 과거로부터 이어져온 현재를 어떻게 바라보느냐 하는 역사인식의 문제다. 이 역사인식이 텐신에게도 문제가 되는 까닭은 침략에 대해 이중적인 시각을 보여주기 때문이다.

위에서 텐신이 말한 것처럼 일본 또한 침략의 경험이 있다. 1592년부터 1598년까지 이어진 조선 침략, 곧 임진왜란과 정유재란이 그것이다. 텐신은 이 일본의 침략에 대해 어떻게 인식하고 있을까? 위에서는 몽골 침략에 대한 보복 행위라 했는데, 『동양의 이상』에 나오는 아래의 글을 보라.

그는 가장 비천한 신분에서 몸을 일으켜 1586년에 국가의 최고위직에 올랐다. 그리고 히데요시의 거대한 야심에는 일본이 너무도 좁아서 중국 정복을 시도하기에 이르렀는데, 그것은 참담한 조선의 황폐화, 그리고 1598년 그의 죽음과 함께 조선 반도에서 일본군이 굴욕적으로 회군하는 일을 초래하였다.(『동양의 이상』, 185쪽)

여기에서는 중국을 정복하고 싶어 한 히데요시의 거대한 야심이 조선을 침략한 이유라고 했다. 이는 앞서 말한 '보복 행위'와 사뭇 다른 이유다. 그리고 이렇게 야심에서 일으킨 전쟁에 대해 텐신은 아무런 비난도 비판도 하지 않고 있다. 조선이 황폐화된 것을 "참담하다"라고 표현하기는 했으나, 그 밖에 다른 언급은 전혀 없다. 심지어 임진왜란을 거듭 거론하지도 않는다. 몽골의 침략을 반복적으로 거론한 것과는 대비된다.

히데요시가 일으킨 침략 전쟁이 비난받을 일이 아니라면, 몽골의 정복 전쟁 또한 비난받을 일이 아니다. 어쩌면 칭기즈 칸은 오래도록 분열되어 있던 유목 부족들을 통합하고 번듯한 국가를 이루고자 한 야심에서 정복전을 일으켰으니, 더욱더 정당화될 수 있다. 그런데 그런 몽골의 침략은 더없이 비난하면서 일본의 조선 침략에 대해서는 비난은커녕 반성하는 태도조차 보여주지 않고 있다. 오히려 "조선 반도에서 일본군이 굴욕적으로 회군하는 일"이라고 표현했다. 일본이 태평양전쟁을 일으킨 데 대한 반성을 거의 하지 않고 "원자폭탄의 피해자"로 코스프레하고 있는 것과 참으로 닮지 않았는가?

그러면, 왜 일본의 조선 침략에 대해서는 반성이 없는가? 불분명한 역사적 사실에 기반한 일본의 우월성을 의심 없이 받아들이고 있었다는 점, 나아가 미술사를 통해 그 우월성을 적극적으로 입증하고 옹호하려 했던 점 등이 애초에 반성적 사유를 불가능하게 만든 요인이었다. 따라서 텐신이 "호전적인 진구우(神功) 왕후의 마음에 불을 지펴, 대륙의 제국에도 아랑곳없이 조공을 바치는 조선 왕국들을 보호하기 위해서 대담하게 바다를 건너게 한 것은 이 의식이었다"(『동양의 이상』, 38쪽)고 말한 것도 이상하지 않다. 여기서 '의식'은 "살아 있는 자유의 정신"을 의미하는데, 일본이 대륙으로부터 지배당하지 않은 사실을 두고서 텐신이 부여한 의미일 뿐이다. 그런 의식 또한 일본의 우월성을 강조하기 위해 끌어낸 것이며, 달리 어떤 근거가 있는 것은 아니다.

> 조선반도는 아마도 원래는 선사시대 동안에 우리의 식민지였을 것이다. 조선에 남아 있는 고고학적 유물은 우리의 원시시대 고인돌에서 발견된 것들과 정확하게 똑같은 유형이다. 우리의 가장 초기 전설들은 황가의 여성 조상[아마테라스]의 동생인 스사노오 신이 조선에 정착한 일에 대해 이야기해주고 있다. 그리고 어떤 역사학자에 따르면, 그 나라 최초의 왕인 단군은 스사노오의 아들로 여겨진다. 3세기에는 우리의 진구우(神功) 황후가 조선반도를 침략하는 군대를 이끌었는데, 그것은 [조선반도에서] 수많은 독립된 소국들이 일어나면서 위협받게 된 우리의 통치권을 재확립하기 위해서였다. 우리의 연대기들에는 8세기까지 우리가 식민지를 보호했다는 기사들이 가득하다.(242쪽)

모든 민족의 신화는 그 민족의 찬란한 영광을 노래하므로 그 민족에게 자부심과 우월감을 고취하는 데에 효과적이다. 일본의 신화도 마찬가지다. 문제는 신화가 곧 역사는 아니라는 점을 간과할 때, 또는 신화를 역사적 사실로 받아들일 때, 역사인식에 편향성과 왜곡이 나타날 수 있다는 점이다. 위의 글에서 텐신이 보여준 역사인식이 바로 그런 문제를 여실하게 보여주고 있다. 스사노오가 조선에 정착했다는 것과 단군이 스사노오의 아들이라는 것은 전혀 근거가 없는 날조이며 대다수 일본인들조차 모르는 내용인데, 텐신은 이를 끌어와서 진구우 황후의 조선 침략을 정당화하는 근거로 삼았다. 허구를 사실화한 것도 문제인데, 그 허구를 바탕으로 침략 전쟁을 정당화한다? 이런 인식에 바탕을 둔 아시아주의라면 군국주의자들이 적극 활용할 만하지 않겠는가?

일본에서 신화를 역사화하면서 형성된 사상이 '신국(神國) 사상'이다. 신국 사상은 일본이 만세일계의 황통이 통치하는 나라라는 관념이자 정치 사상이다. 신국이라는 용어는 일본의 역사서인 『니혼쇼키』(720년)에서 진구우 황후의 조선 정벌과 관련된 기록에서 처음 등장했고, 몽골의 침략을 극복하면서 고취되다가 중세 역사서인 『진노오쇼오토오키(神皇正統記)』(1339년)에서 확립되었다. 에도 시대에는 모토오리 노리나가(本居宣長, 1730~1801) 등 사상가들에 의해서 일본의 절대적 우월성과 침략주의적 성격이 강화되었다. 이런 신국 사상은 메이지 시대에도 사그라들지 않고 강화되었다.

신국 사상은 크게 세 가지 점이 두드러진다. 첫째는 일본은 신성한 나라로서 절대적으로 우월하다는 것이고, 둘째는 천황은 절대적인 존재이며 천황제가 유일한 정치 체제라는 것이다. 셋째는 침략을 옹호하고 정당화한다는 점이다. 이 세 가지가 『동양의 이상』과 『일본의 각성』에서도 그대로 드러나 있음을 볼 때, 텐신의 역사인식 또한 신국 사상을 바탕으로 하고 있음을 알 수 있다.

신화를 역사화하면서 형성된 신국 사상은 역사인식에서 필연적으로 왜곡을 일으키고 나아가 모순된 태도를 취하게 만든다. 텐신이 몽골의 침략에 대해서는 극단적으로 비난하다가 일본의 침략은 정당한 것으로 해석한 것이 그 하나다. 또 왕정 복고로 시작된 메이지 유신이 시대의 흐름에 역행한다는 사실을 간과하고 메이지 시대의 헌법에 대해 다음과 같이 말한 것도 그런 사례다.

> 중요한 것은 우리의 헌법이 천황의 자발적인 선물이었다는 점인데, 이는 유럽의 몇몇 국가들에서 일어난 일처럼 국민이 군주에게 강요한 그런 것이 아니다. 동양의 전통과 일치하는 우리의 민주정치는 자연스럽게 생긴 부가물이지 돌발적으로 분출한 것이 아니다.(200쪽)

메이지 시대의 헌법이 천황의 자발적인 선물이라는 것은 국민의 의사와는 무관하게 헌법 제정이 이루어졌다는 뜻이다. 이는 국민이 주권을 행사할 수 없었음을 가리키는데, 그럼에도 텐신은 "우리의 민주정치"라고 당당하게 말했다. 게다가 동양의 전통과 일치한다니! "서양의 많은 헌법들과 유사하게 보일 수도 있지만, 우리의 헌법은 우리 고대의 정치 제도에 기초하고 있고 심지어 신대(神代)에서 그 원형을 찾을 수도 있다"(227쪽)는 발언까지 하고 있다. 황통의 영속성과 천황의 절대성에 대한 흔들림 없는 확신이 서구의 영향을 받아 제정된 메이지 헌법조차 신화 시대부터 빛을 발한 일본의 우월성에서 비롯된 것으로 본 것이다. 이런 어불성설이 가능하다면, 아래와 같은 발언도 기이하지 않다.

> 조선과 만주의 독립은 우리의 종족 보존을 위해서 경제적으로 필요하다. 경작지가 빈약한 이들 나라에서 만약 합법적인 출구를 빼앗겨버린다면, 계속 증가하고 있는 우리 인구를 기다리는 것은 굶주림이기 때문이다. 오늘날 러시아인들이 이 영토들에 손을 뻗치고 있는데, 우리 외에는 누구도 이에 저항하지 않고 있다. 이런 상황에서 어쩔 수 없이 우리는 고대에 우리의 영역 안에 있었던 조선을 우리 국민의 합법적인 방어선 안에 둘 것을 고려하고 있다. 1894년에 중국이 조선반도의 독립을 위협했을 때, 우리는 중국과 전쟁을 감행하지 않을 수 없었다. 1904년에 우리가 러시아와 싸웠던 것도 마찬가지로 이 나라의 독립을 위해서였다.(247쪽)

텐신은 청일전쟁을 조선의 독립을 위해서였다고 말하고 싶었던 게 분명하다. 그러나 결국 일본의 이익을 위해서였다는 사실을 토로했다. 이렇게 모순된 발언을 하고도 텐신은 전혀 의식하지 못하고 있다. 나아가 고대의 신화에서 희미하게 드리워진 관념을 바탕으로 “조선을 우리 국민의 합법적인 방어선 안에 둘 것을 고려하고 있다”고 말했다. 어떠한 역사적 근거도 필요하지 않다. 그럴 필요를 전혀 느끼지 않는다고 말하는 것이 더 적절하리라. 이는 역사인식에서 왜곡과 모순이 있음을 전혀 의식하지 못할 정도로 신국사상에 젖어 있었음을 의미한다. 따라서 일본이 한반도를 차지하려고 일으킨 러일전쟁도 마땅히 정당화된다.

> 요동의 험준한 산들과 황해의 큰 파도 사이에서 우리는 치명적인 싸움에 돌입했다. 우리는 모국을 위해 싸웠을 뿐만 아니라 최근 메이지유신의 이상을 위해서 또 고전 문화의 고귀한 유산을 위해서, 그리고 모든 아시아에 장려한 재생을 가져다줄 평화와 조화라는 꿈들을 위해서 싸웠다.(258쪽)

4. 일본의 어긋난 각성

‘각성’은 기본적으로 자기 성찰, 특히 반성에서 시작된다. 무엇을 성찰하고 반성해야 하는가? 그 사회 구성원들이 공유하고 있는 편견, 통념, 관행 따위가 대상이 되어야 한다. 편견이나 통념, 관행은 흔히 집단의 정체성을 이루면서 개개인의 삶을 통제하거나 지배하는 구실도 한다. 실제로 인식의 전환이나 혁신이 필요할 때에 가장 큰 장애로 작용한다. 그럼에도 역사니 문화니 하는 용어로 포장되는 경우가 많으며, 바로 그 때문에 성찰과 반성의 대상으로 삼아야 한다는 사실을 대체로 망각한다. 망각하기에 각성하기도 어렵다. 이는 『일본의 각성』이 우리에게 알려주는 바이기도 하다.

앞서 『일본의 각성』에 내재해 있는 모순된 인식, 특히 왜곡된 역사인식에 대해 말했다. 그러한 인식은 저자인 텐신의 것이기도 하지만, 텐신을 낳은 일본의 역사와 문화에서 비롯된 것이기도 하다. 따라서 일본인들이 대체로 공유하는 인식이라 해도 과언은 아니다. 이런 인식은 중세의 통치자들과 지배층이 구성하기 시작했고, 뒤이어 지식인들 특히 에도 시대의 사상가들이 그 근거를 마련하며 뒷받침했으며, 메이지 시대를 전후해서 '일본의 각성'을 외친 사상가들과 혁명가들을 통해 일본 사회 내에 확고하게 뿌리를 내렸다. 이렇게 역사적으로 꾸준히 구축되어온 인식이었으므로 그 모순을 간파하기란 참으로 어렵다고 할 수밖에 없다. 『동양의 이상』과 『일본의 각성』에 역사적 사실에 대한 그릇된 이해들과 아전인수 격 해석들, 견강부회와 자가당착이 그토록 많은 까닭도 그 때문이다.

『일본의 각성』에서 마지막 10장은 「일본과 평화」다. 이 장은 "우리는 호전적인 계획과 팽창의 야욕으로 거듭해서 비난을 받았다"(239쪽)는 말로 시작된다. 1875년에 조선의 강화도에서 일으킨 운요오호 사건, 1894년 일본군의 한양 진입과 청일전쟁 그리고

1904년의 러일전쟁 등이 사실상 일본의 야욕에서 비롯된 것임을 의식해서 한 발언이 분명하다. 곧이어 "우리의 대외 정책의 역사를 세심하게 연구한 사람이라면 (…) 우리가 최후의 수단으로 전쟁에 기댔다는 것을 안다"(239쪽)라고 말하고 있으니 말이다.

10장에서 텐신은 "사실 우리 문명의 참된 본성은 외국에 대한 침략을 금지한다"(239쪽)라고 단언했다. 그리고 "1868년의 왕정 복고 이후로 중국 및 조선과의 관계는 평화와 비침략이라는 전통적인 정책을 잘 보여주는 두드러진 예증이다"(246쪽)라고도 말했다. 아무리 자민족 중심주의에 사로잡혀 있다고 해도 이렇게 역사적 사실을 간과하거나 무시하는 자가당착이 가능할 수 있을까? 흥미로운 점은 텐신이 전혀 그 모순을 인식하지 못하고 있다는 사실이다.

『일본의 각성』은 엄밀하게 말하자면 서구 열강을 향해 "일본은 이제 각성했다"는 사실을 알리려는 목적으로 저술된 책이다. 1장 「아시아의 밤」의 첫 단락에서 "일본의 갑작스런 발전" 운운하면서 "우리는 근대적 진보의 총아이면서 비기독교 나라의 두려워할 만한 부활, 곧 황색 재앙 그 자체다!"라고 선언한 것이 그 점을 잘 드러낸다. 텐신이 비유적으로 쓴 '황색 재앙'은 사실임이 드러났으니, "일본은 각성하지 못했다"고 말할 수 있다.

진취적 기상을 잃고 무기력한 반항에 지치고 정당한 패기를 빼앗긴 오늘날의 중국인들과 인도인들은 피할 수 없는 운명 앞에

엎드리게 되었다. 그들 가운데 어떤 이들은 웅대했던 과거의 기억 속에서 위안을 찾는데, 그로 말미암아 전통과 배타성이라는 껍질만 더욱 딱딱해지고 있다. 한편, 또 다른 이들의 혼은 천상계와 같은 꿈속을 떠돌며 미지의 존재에게 호소하면서 위로를 구하고 있다.(34쪽)

일본이 각성해야 할 것은 중국과 인도에게 덮어씌웠던 바로 그 '전통과 배타성'이었다. 이 전통과 배타성이라는 껍질이 그 어떤 나라보다 단단하게 덮어 싸고 있는 나라가 일본이기 때문이다. 텐신이 줄곧 말해왔던 '집요함'이 바로 이 전통과 배타성의 다른 말이었다. 그런데도 텐신은 이를 우월성의 근거로 파악하며 자랑했다. 텐신 스스로 각성하지 않은 채 일본의 예술을 통해 일본의 역사를 본 탓에 자가당착에 빠진 것이다.

또 텐신은 자신의 영문 저서 곳곳에서 서구 열강이 일본을 향해 '황색 재앙'이라는 표현을 쓰면서 매도하는 것을 거론하며 한결같이 점잖게 항변했다. 『일본의 각성』에서도 "오랫동안 세계의 다른 나라들로부터 자발적으로 고립되어 있었던 일본의 전 역사는 [황색 재앙이라는] 그런 외침을 우스꽝스럽게 만든다"(260~261쪽)라는 말로 대응했다. 일본의 역사를 잘 몰랐을 당시 서구인들은 아마도 이러한 응수가 진실이라 믿었을 것이다. 그러나 '일본의 각성'을 운운하는 지식인이라면, 설령 일본인이라도, 이런 말은 주저하며 삼갔어야 마땅하다. 그러나 그런 기대는 애초에 헛된 것이었다고나 할까?

> 역사가 되풀이되는 것이라면, 실제 재앙이 다시 세계를 위협한다면, 그 재앙은 초원지대의 역사적 요람지에서 생겨나지 황하와 양자강의 비옥한 유역에서는 생겨나지 않으며, 일본 열도의 계단식 산허리에서도 생겨나지 않는다.(261~262쪽)

"역사는 되풀이된다"는 표현은 참 묘한 울림을 준다. 몽골의 침략은 생생하게 기억하면서 일본의 침략은 아주 망각한 채 던진 이 말에 텐신의 모순된 인식이 고스란히 드러나고 있어서다. 이미 조선 침략을 시작한 일본이 청일전쟁과 러일전쟁을 일으키는 과정을 생생하게 목도했으면서도 말이다. 『일본의 각성』 마지막 단락에서 텐신은 "전쟁은 언제쯤 그칠까?"라고 탄식하며 서구 열강을 향해 비난조로 이렇게 말했다.

> 침략국의 국민들은 양심도 없고, 기사도 정신은 모두 약소민족을 박해하는 동안에 잊혀졌다. 자신을 지킬 용기와 힘이 없는 자는 예속될 수밖에 없다. (…) 유럽은 우리에게 전쟁을 가르쳤다. 언제쯤 그들은 평화의 축복을 배울까?(263쪽)

텐신은 참으로 당당하게 서구인들을 향해 이렇게 일침을 가하고 있다. 당시 일본 지식인들과 국민들 모두 이 말을 타당하고 적절하다고 여겼을 것이다. 그런데 위의 말을 과연 일본이 할 자격이 있었는가? 일본이 듣고 새겨두어야 할 말이 아니었는가? 이렇게 "자기에게 할 말을 남에게 하는 것"은 각성이 이루어지지 못했기 때문이다. 성찰과 반성을 해야 한다는 것을 몰랐던 이는 텐신만이 아니다. 일본의 정치가들, 지식인들 모두 몰랐고, 그들을 맹종하고 맹신하는 국민들 또한 그러했다. 더욱 불행한 것은 오늘날에도 전혀 다르지 않다는 사실이다. 아시아-태평양전쟁을 일으킨 전범 국가 일본이 여전히 사실을 호도하고 날조하고 왜곡하는 데에 혈안이 되어 있고, 국민들은 정부의 그런 행태들을 아무런 의심 없이 받아들이고 있으니.

일본의 각성

초판 1쇄 발행 2021년 12월 10일

지은이 오카쿠라 텐신
옮긴이 정천구
펴낸이 강수걸
기획실장 이수현
편집장 권경옥
편집 신지은 강나래 김리연 윤소희 오해은
디자인 권문경 조은비
경영관리 공여진
펴낸곳 산지니
등록 2005년 2월 7일 제333-3370000251002005000001호
주소 부산시 해운대구 수영강변대로 140 BCC 613호
전화 051-504-7070 | 팩스 051-507-7543
홈페이지 www.sanzinibook.com
전자우편 sanzini@sanzinibook.com
블로그 http://sanzinibook.tistory.com

ISBN 978-89-6545-767-1 93910

* 책값은 뒤표지에 있습니다.
* 잘못 만들어진 책은 구입처에서 교환해드립니다.

::산지니에서 펴낸 책::

인문

청말 중국의 대일정책과 일본어인식 옌리 지음 | 최정섭 옮김

일본의 각성 오카쿠라 텐신 지음 | 정천구 옮김

대항해시대의 일본인 노예 루시오 데 소우사·오카 미오코 지음 | 신주현 옮김

오사카, 도시의 기억을 발굴하다 가토 마사히로 지음 | 곽규환·진효아 옮김

사찰 문화유산 답사 한정갑 지음

이미지 제국: 건륭제의 문화 프로젝트 이은상 지음

15세기 동남아 무역왕국 말라카 파라하나 슈하이미 지음 | 정상천 옮김

불교와 여래장 황정원 지음

한형석 평전 장경준 지음

좋은 문장을 쓰고 싶다면 이진원 지음

일본 이데올로기론 도사카 준 지음 | 윤인로 옮김

동북아 바다, 인문학으로 항해하다 서광덕 외 지음

중국 윤리사상 ABC 셰푸야 지음 | 한성구 옮김

중국문화요의 류스페이 지음 | 도중만 옮김

중국 내셔널리즘 오노데라 시로 지음 | 김하림 옮김

현대 타이베이의 탄생 수숴빈 지음 | 곽규환·남소라 옮김

고종, 근대지식을 읽다 윤지양 지음 ***2020 세종도서 우수학술도서**

루카치가 읽은 솔제니친 게오르크 루카치 지음 | 김경식 옮김

삶으로서의 사유 게오르크 루카치 지음 | 김경식 오길영 옮김

해양사의 명장면 김문기 외 지음

소비에트 러시아의 신체문화와 스포츠 박원용 지음 ***2019 대한민국학술원 우수도서**

파리의 독립운동가 서영해 정상천 지음

동아시아 엑스포의 역사 하세봉 지음 ***2019 세종도서 우수학술도서**

루카치의 길 김경식 지음

인도불교의 역사 다케무라 마키오 지음 | 도웅·권서용 옮김

근현대 중국 이상사회론 이연도 지음

마르크스의 마지막 투쟁 마르셀로 무스토 지음 | 강성훈·문혜림 옮김

깨달음 김종의 지음

루쉰과 동아시아 근대 서광덕 지음

공자와 소크라테스: 동서 정치사상의 기원 이병훈 지음

저항의 도시, 타이베이를 걷다 왕즈홍 외 지음 | 곽규환 외 옮김 *2016 타이베이국제도서전 올해의 책 *2016 대만 문화부 번역출판 지원사업 선정도서

효사상과 불교 도웅 지음

탈학습, 한나 아렌트의 사유방식 마리 루이제 크노트 지음 | 배기정·김송인 옮김

가상현실 시대의 뇌와 정신 서요성 지음 ***제34회 한국과학기술도서상 수상 *2016 세종도서 우수학술도서**

고슴도치 시대의 여우 조규형 지음 ***2016 한국영어영문학회 YBM저술상 수상도서**

사포의 향수 주세페 스퀼라체 지음 | 김정하 옮김

조공과 사대: 춘추전국 시대의 국제정치 이춘식 지음

한 권으로 읽는 중국문화 공봉진·이강인·조윤경 지음 ***2010 문화체육관광부 우수학술도서**

무중풍경 다이진화 지음 | 이현복·성옥례 옮김 ***2006 영화진흥위원회 학술도서 *2009 대한민국학술원 우수도서**

단절 쑨리핑 지음 | 김창경 옮김 ***2007 한국간행물윤리위원회 11월의 책 *2008 대한민국학술원 우수도서**

한나 아렌트와 마틴 하이데거 엘즈비에타 에팅거 지음 | 황은덕 옮김

진화와 윤리 토마스 헉슬리 지음 | 이종민 옮김

파멸의 묵시록 에롤 E. 해리스 지음 | 이현휘 옮김

표절의 문화와 글쓰기의 윤리 리처드 앨런 포스너 지음 | 정해룡 옮김

사회생물학, 인간의 본성을 말하다 박만준 외 지음 ***2008 문화체육관광부 우수학술도서**

KNOTS: Depression 라깡과 임상 연구센터 지음

정신분석적 발달이론의 통합 필리스 타이슨·로버트 타이슨 지음 | 박영숙·장대식 옮김

반대물의 복합체 헬무트 크바리치 외 지음 | 김효전 옮김

동양의 이상 오카쿠라 텐신 지음 | 정천구 옮김

차의 책 오카쿠라 텐신 지음 | 정천구 옮김

차와 선 이토 고칸(伊藤古鑑) 지음 | 김용환·송상숙 옮김

침묵의 이면에 감추어진 역사 우르와쉬 부딸리아 지음 | 이광수 옮김

빼앗긴 사람들 우르와시 부딸리아 편저

힌두교, 사상에서 실천까지 가빈 플러드 지음 | 이기연 옮김

인도의 두 어머니, 암소와 갠지스 김경학·이광수 지음

인도사에서 종교와 역사 만들기 이광수 지음

무상의 철학 타니 타다시 지음 | 권서용 옮김

다르마키르티의 철학과 종교 키무라 토시히코 지음 | 권서용 옮김

인도인의 논리학 카츠라 쇼류 지음 | 권서용 외 옮김

불교의 마음사상 요코야마 고이츠 지음 | 김용환·유리 옮김

재미있는 사찰 이야기 한정갑 지음

대한민국 명찰답사33 한정갑 지음

불교와 마음 황정원 지음

중국 근대불교학의 탄생 김영진 지음 ***2018 대한민국학술원 우수학술도서**

흩어진 모래 이종민 지음 ***2014 대한민국학술원 우수학술도서**

근대 동아시아의 종교다원주의와 유토피아 장재진 지음 ***2012 문화체육관광부 최우수학술도서**

근대 서구의 충격과 동아시아의 군주제 박원용·박장배·신명호·이근우·조세현 지음

한국의 사랑채 윤일이 지음

제갈량과 21세기 동양적 혁명을 논하다 유원표 지음 | 이성혜 옮김

맹자독설 정천구 지음

삼국유사, 바다를 만나다 정천구 지음

한비자, 제국을 말하다 정천구 지음

논어, 그 일상의 정치 정천구 지음

중용, 어울림의 길 정천구 지음

맹자, 시대를 찌르다 정천구 지음

한비자 한비 지음 | 정천구 옮김

대학, 정치를 배우다 정천구 지음

논어 김영호 지음

사람 다치지 않았느냐 윤현주 지음

고전시가, 사랑을 노래하다 황병익 지음

해양풍경 구모룡 지음

바다가 어떻게 문화가 되는가 곡금량 지음 | 김태만·안승웅·최낙민 옮김

방법으로서의 중국 미조구치 유조 지음 | 서광덕·최정섭 옮김

혁명과 역사 아리프 딜릭 지음 | 이현복 옮김

부채의 운치 저우위치 지음 | 박승미 옮김

차의 향기 리우이링 지음 | 이은미 옮김

요리의 향연 야오웨이쥔 지음 | 김남이 옮김

도서관 인물 평전 이용재 지음

김범부의 건국사상을 찾아서 범부 김정설 지음 | 김정근 풀어씀

최성묵 평전 차성환 지음

발트3국에 숨겨진 아름다움과 슬픔 이상금 지음

발트3국의 역사 · 문화 · 언어 이상금·박영미·윤기현·이현진·허남영 지음

독일발트문학과 에스토니아문학 이상금 지음

발트3국의 언어와 근대문학 이상금·서진석 지음

에스토니아어 알기와 공부하기 이상금·허남영·성지혜 지음

브라질 광고와 문화 이승용 지음

브라질 흑인의 역사와 문화 이광윤 지음

사막의 기적? 조경진 지음 ***2015 대한민국학술원 우수도서**

라틴아메리카의 언어적 다양성과 언어정책 김우성 지음

멕시코를 맛보다 최명호 지음

여러 겹의 시간을 만나다 구경모·서성철·안태환·정이나·차경미 지음

로마인 이야기 찰스 스완 편저 | 장지연 옮김

지중해의 영화 박은지 지음

지중해 다문화 문명 김정하 지음

시칠리아 풍경 아서 스탠리 리그스 지음 | 김희정 옮김

지중해 문화를 걷다 부산외국어대학교 지중해지역원 지음

지중해 언어의 만남 윤용수·최춘식 지음 ***2015 세종도서 우수교양도서**

지역에서 행복하게 출판하기 강수걸 외 지음 ***2015 출판문화산업진흥원 우수출판콘텐츠 제작지원 선정도서**

역사의 블랙박스, 왜성 재발견 신동명·최상원·김영동 지음

라틴아메리카 원주민의 어제와 오늘 구경모 외 지음

마닐라 갤리온 무역 서성철 지음

비즈니스 일본어에서 일본어의 비즈니스 인터액션으로 정규필 지음

중국근현대사상총서

1 **인학** 담사동 지음 | 임형석 옮김

2 **구유심영록** 량치차오 지음 | 이종민 옮김

3 **과학과 인생관** 천두슈 외 19명 지음 | 한성구 옮김

4 **신중국미래기** 량치차오 지음 | 이종민 옮김

5 **권학편** 장지동 지음 | 송인재 옮김

6 **천두슈 사상선집** 천두슈 지음 | 송혜영 옮김 ***2018 세종도서 우수학술도서**

7 **류스페이 사상선집** 류스페이 지음 | 도중만 옮김

8 **중국문화요의** 류스페이 지음 | 도중만 옮김

9 **중국 윤리사상 ABC** 셰푸야 지음 | 한성구 옮김

10 **취추바이 선집: 신아국유기, 적도심사** 취추바이 지음 | 이현복 옮김

문화·예술

근대 건축과 하이데거 이동언 지음

바그너 읽기 김윤미 지음

어쩌다 보니 클래식 애호가, 내 이름은 페르마타 신동욱 지음

2000년 이후의 독일영화 윤종욱 지음 ***2021 대한민국학술원 우수도서**

자치분권 시대의 로컬미학 임성원 지음

내러티브와 장르: 미디어 분석의 핵심 개념들 닉 레이시 지음 | 임영호 옮김

미국 영화비평의 혁명가들 데이비드 보드웰 지음 | 옥미나 옮김

영화 열정 리차드 라우드 지음 | 임재철 옥미나 옮김